満足脳にしてあげれば
だれもが育つ！

平山　諭　著

ほおずき書籍

はじめに

満足度が脳を変える

子どもは魅力的な教師の授業に集中する。それは、《認めてくれる》《ほめてくれる》《かまってくれる》《わかりやすい授業をしてくれる》《楽しい授業をしてくれる》《やさしい言葉をかけてくれる》《そばに来てくれる》など脳が喜ぶかかわりをしてくれるからだ。脳が喜ぶとは、脳の心を操る神経伝達物質がたくさん流れるということである。《脳の喜び》を本書では『満足度』と呼ぶ。

脳には『報酬系神経ネットワーク』と『不安系神経ネットワーク』が存在するが、

競い合ってどちらかのネットワークが勝つ。報酬とは給料のようなもので、もらうとうれしくなる。不安とは給料をもらわないようなもので、不快や嫌悪を感じる。《叱って》《怒って》《怒鳴って》授業をすれば不安系が勝ち、悲観的なマイナス思考を生み出す脳を作る。《ほめて》《かまって》あげれば報酬系が勝ち、楽観的なプラス思考を生み出す脳を作る。

発達障害を理解できない教師は、表面的にしか子どもを見ることができないので、ただ「みんなと同じことをしなさい」「ちゃんと見ろ」「ちゃんと聞け」などと、時には怖い顔して注意したり、怒鳴ったりしやすい。子どもが教師の思ったようにしないので、挙句の果ては、無視したり、クラスの笑いものにしたりすることさえある。子どもができるように《工夫をしてくれたり》《できるようになるまで待ってくれたり》する教師では、発達障害の子どもは伸びていく。でも、残念ながら《心を追いつめていく》教師も少なくないのである。心が追いつめられると、脳は不安（不快）物質の分泌が高まり、《自分を癒したり》《他人を攻撃したりする》心の守りを起こさざるを得なくなる。これがいわゆる二次的問題である。強い逃避・反抗・攻撃がそうである。

発達障害は《発達の問題》なので、発達するための神経回路（神経細胞とシナプスからなる神経ネットワーク）を新たに作り出せばいい。遺伝と環境のさまざまな要因が絡むので個人差はあるものの、どの子どもも確実に発達していく。

脳を《科学》してほしがっている子どもたち

ＡＤＨＤ（注意欠陥多動性障害）、ＰＤＤ（広汎性発達障害）、ＬＤ（学習障害）といった発達障害の原因として脳の機能障害が推定されている。いずれも中央実行系であるワーキングメモリ容量の貧困さが指摘されている。中央実行系とは、判断して行動を起こす脳の本体のことである。ワーキングメモリとは意識そのものなので、発達障害症状（行動）は、意識しない症状（行動）になりやすいのである。

脳が勝手に体に命令を出して、例えば、ＡＤＨＤなら落ち着きのない行動、ＰＤＤならこだわり行動、ＬＤなら読み・書き・計算の問題が現れる。多くの場合、意識的に症状（行動）を出しているわけではないのだから、叱責や罰の対象となるかどうかは、教師はよく考えればわかることである。しかし、多くの教師は、叱責や罰の対象とする。叱責とは、叱ったりとがめたりする行為である。

もう少し詳しく述べておきたい。脳の機能障害とは、神経ネットワーク（回路）がうまく働かないのであり、簡単に言えば『記憶と学習』の問題といえる。

読み・書き・計算の問題を持つLDは、黒板の文字・数字を写し取る『視写』、教師の話し言葉を書き取る『聴写』が困難である。算数（数学）の問題を読みながら忘れていく、同じように国語の文章を読みながら忘れていくこともある。国語の教科書を読む際、不適切な箇所で切って読んだり、読むべき行が飛んだりする。漢字の誤字が多いのもLD症状の一つである。算数の筆算でつまずく子どもは、計算している様子を『記憶の仮想黒板』に書いておくことが苦手である。苦手なので、繰り下げ・繰り上げの作業（操作）中、覚えておかなければならない数字を忘れてしまう。これが、『ワーキングメモリ』（作業記憶）の問題である。

注意力や集中力の弱さを特徴とするADHD児は教師の話に夢中になれず、黒板周りの刺激物や窓の外に注意を奪われやすい。特に、教師とADHD児の距離が離れている場合、教師の発信する言葉がADHD児の脳を興奮させにくい。脳が興奮しなければ、当然、神経ネットワークは活性化せず注意力や集中力は落ちる。このメカニズムは、ADHDの多動（落ち着きのなさ）でも説明できる。脳が興奮しない、言い換えれば、脳が楽しさや緊張を感じなければ、脳はそうした刺激を求めて、立ち歩いたりおしゃべりが止められなくなったりする。ある意味、脳の守りである。ADHDの衝動性は、教師が手順や目標を示さないと現れやすい。注意・集中力も自己抑制も『ワーキングメモリ』の働きである。

PDDは、アスペルガー症候群や自閉性障害などを含む診断名であり、同一性保持、対人関係、コミュニケーションの問題を持つ。そのために、《変化を嫌う》《孤立しやすい》、《人の気持ちがわかりにくい》などの特徴を示す。

こうした特徴は、授業と直接的な関係は少ないように思われがちだが、グループ学習では支障が出てくることも多い。小集団での学習には、他人への配慮が必要だからだ。また、『心の理論』がうまく働かず、人の気持ちを理解できないため、国語などの気持ちを読む学習には特別な支援が必要となる。さらに、PDDは、単に対人不安の問題だけでなく、『短期記憶』や『ワーキングメモリ』（心の理論も含まれる）などの記憶を中心とした認知の問題を持ちやすく、その意味では、LD対応と類似した授業支援が不可欠となる。

そこで、本書では、『ワーキングメモリトレーニング』に紙数を割いた。発達障害改善は、《ワーキングメモリに始まりワーキングメモリに終わる》と言っても過言ではない。

ちなみに、ＡＤＨＤ症状は、新しい脳である前頭葉の機能障害が原因となっていることがほぼ解明されている。ＰＤＤ症状は、古い脳である大脳辺縁系の扁桃体の機能障害が原因となっているのではないかという仮説が有力である。扁桃体は《好き嫌い》や《損得》を判断する脳である。ＬＤ症状は、特定の脳が原因とはなりにくいが、言語野、視覚野、運動野などの問題であることに間違いない。

ＡＤＨＤは前頭葉機能を高めることが、ＰＤＤは扁桃体機能を高めることが、そして、ＬＤは関連脳と推測される脳の機能を高めることがそれぞれ求められる。こうした機能の向上は、多くの研究によれば、神経伝達物質（たんぱく質やアミノ酸）が関係しているのではないか、と考えられている。

ＡＤＨＤはドーパミンとノルアドレナリンを、ＰＤＤはセロトニンとドーパミンを、ＬＤはドーパミンやアセチルコリンなどを、関連する神経ネットワークの『シナプス』で増やせば脳改善、つまり症状改善が期待できる。シナプスとは神経細胞と

神経細胞との間にある隙間である。例えば、ドーパミン系を強化するために「変化」「運動」「工夫」「見通し」のスキルを、ノルアドレナリン系を強化するために「時間制限」のスキルを、セロトニン系を強化するためにやさしく「見つめる」「ほほ笑む」「話しかける」「ほめる」「触れる」スキルをそれぞれ活用すればいい。

宇宙人に見えるアスペルガー症候群

発達障害の中でも、極めて理解しづらいタイプが『アスペルガー症候群』である。大ざっぱにいって彼らは偏った才能を持ち、大人になって研究・政治・芸能・スポーツなどの歴史的舞台に立つ者も多い。偏った才能を持つ者はある分野の専門家になりやすいのである。

仕事オンリーの傾向があり、仕事以外の時間は何をしていいかわからない。別の言葉で言えば『仕事中毒（ワーカーホリック）』だ。仕事に打ち込むあまり、家庭や自分の健康を犠牲とする。仕事ができる反面、支配欲が強くまた『感情認知』より

『モノ認知』が強いため対人関係（家族も含めて）がうまくいかない。『モノ認知』とは、人の気持ちや表情を《モノ》として理解する脳が強く働く状態である。相手の気持ちを理解できないため、ストレートな言動で人の心を傷つけることも稀ではない。

　子どものころもほぼ同じで、時計、カレンダー、アルファベット、ピアノ演奏、駅名など、同じ年齢の子どもがあまり興味を示さない特定の《モノ》に興味を示し、過去や未来のある日時の曜日を当てたり、新幹線の駅名を細かく覚えたり、ボクシングの歴代チャンピオンの名前を言うなど、偏った才能（記憶力）を示すことが多い。その反対に『感情認知』を必要とする対人関係は苦手でクラスで孤立しやすい。このような子どもたちを理解できない教師には、きっと宇宙人に見えることだろう。共通して見られる４つの特徴を紹介しておきたい。

1　人間関係の問題

①対人的な心の《波動》に共鳴しない（言葉にできないような感情に共感できない）
②《親友》ができにくい（幼馴染みがいない・友だちは加齢とともにどんどん変

わっていく・心を通わせる親友はできにくい）
③人の表情に伴う社会的情報が読めない（表情を『モノ』として認知する傾向がある）
④相手が期待している表情や言葉を理解できない（それゆえ、場に合った対応ができない）

2　こだわりと偏った興味
①特定の行動パターンにこだわる（突然の変化を嫌う）
②偏った興味に深い知識を持つ場合がある（特定の記憶に優れることも）
③細部にこだわった発言が多い（全体的な把握が苦手）
④自分なりの秩序や規則にこだわる（他人へ強要することも多い）

3　コミュニケーションの問題
①一方通行的な話になる（しばしば独演会になってしまうことも）
②ストレートな言い方で人を傷つける

③感情を言葉で表現できない（漢字熟語や専門用語を多用する）
④相手の言葉を字義どおりに受け止める（お土産をもらった際「つまらないものですけど」という言葉に「つまらないものならいらない」と思ってしまう）
⑤相手の言葉に、否定・批判や言い返しが多い（相手を受容・看過できない）

4　その他の特徴

①空想癖（ファンタジーともいうが、時として自分の世界に入るか何かになりきる）
②体の動きがぎこちない（走る時、ヨコ揺れしたりする）
③衝動的な行動が多い（パニック・易興奮・キレが頻繁に見られる）
④容易に不安になりやすい（うつ傾向も多い）
⑤話し言葉より読み言葉・書き言葉を好む

通常、脳は人の顔（表情）をよく覚えるが、アスペルガー症候群の人は風景（モノ）をよく覚えるといわれる。出現率は女性より男性に多い。感情認知が得意ではないので、周囲の情に影響されず、冷静に（論理的に）状況判断し、効率的・合理的に行動するタイプも多い。

本書には、私が提唱し続けてきた神経伝達物質理論を活用した『脳科学教育臨床』の対応スキルを詰め込んだ。多くの教師は日々の授業に苦しみ、多くの親は日々の子育てに悩んでいる。職場でも指示・命令に反発したり孤立しがちな部下がいたりしてストレスになっている上司も多いはずである。

発達障害症状を持つ人は今やどこにもいる時代になった。発達障害症状がなくても、だれにでも有効な教育・子育て・社内スキルとして活用できる。トラブルやストレスが起きる前に使うことをお勧めしたい。

教師力をベースに『満足脳』を作る具体的なスキルを紹介しているが、職場でも家庭でもそのまま使えるように配慮した。家庭では《教師》を《親》に置き換え、職場では《教師》を《上司》に、《子ども》を《社員》に、《授業》を《研修やミーティング》にそれぞれ置き換えていただければわかりやすいだろう。なお、基本的に（例外もあるが）、『　』はキーワード、「　」は具体的なスキル、《　》は強調したい事柄としている。

シンポジウム《脳科学と教育》でお会いして以来いつも温かく見守ってくださる信州大学寺沢宏次教授、《学び続けてこそ教師》といつも教えてくださる世界教育界の泰斗TOSS向山洋一代表の存在が本書を書きあげるエネルギーとなった。この場をお借りして心よりお礼申し上げる。

最後に、発達障害対応に《熱き思い》を持たれているほおずき書籍木戸ひろしプロデューサーには敬意を表したい。

2011年5月　　平山　諭

CONTENTS

脳の報酬作動系を育てる

満足度を上げるとは

人の行動の背景にある『心』は、大まかに言って、3つの神経伝達物質のバランスから成り立っている。それらは、モノアミン系伝達物質と呼ばれ、脳内で情報を伝えるホルモンの仲間である。具体的には、ドーパミン、セロトニン、ノルアドレナリン（エピネフリン）という名前が付いている。

簡単に言えば、ドーパミンは《楽しい満足度》、セロトニンは《やさしい満足》、ノルアドレナリンは《緊張の満足度》と言える。これら3つは『心』を作る基盤ではあるが、単に精神状態に関与するだけではなく、注意・集中力、記憶、ワーキングメモリ、抑制（自己コントロール）、意欲などの認知・行動面とも関与している。

発達障害は、何かの理由（多くは遺伝だと考えられている）で、これらのたんぱく質がシナプス（ニューロンとニューロンの接点）で不足し、症状が出現するという考え方が有力である。受け手側細胞（シナプス後ニューロン）のレセプター（受け取り口）の一部が作動しないため情報が伝わりにくいのである。

ドーパミンとノルアドレナリンの不足がADHD（注意欠陥多動性障害）を引き起こすし、セロトニンの不足がPDD（広汎性発達障害）を引き起こす可能性が指摘されている。ただ、ノルアドレナリンは不快（不安）物質なので増え過ぎるとストレスになる。緊張を与え過ぎてはいけない。心が追い詰められ、強い反抗（反抗挑戦性障害）や強い攻撃（行為障害）などが出現する場合がある。いわゆる二次的障害である。『反抗挑戦性障害』とは、自分にとって有利なことであっても、相手の言動に反発し、挑戦的・挑発的・反抗的な態度をとる症状である。通常9～10歳前後から認められる。暴力は伴わない。『行為障害』とは、人や動物に対する攻撃（けんか、脅迫、威嚇、動物に対する残虐な仕打ち）、他人の所有物の破壊、繰り返される嘘、盗癖、重大な規則違反などであり、過度に反抗的で攻撃的な非行行為で、繰り返されるのが特徴である。18歳以下の子どもの診断名であり、それ以降は『反社会的人格障害』と称される。男の子で6〜16%、女の子で2〜9%が該当するといわれている。

こうした神経伝達物質のメカニズムを考えれば、授業中、集中力の弱い、落ち着きがない、衝動性の強い子どもには、ドーパミンとノルアドレナリンを増やすかかわりが不可欠となる。ドーパミン分泌には《楽しい》授業は言うまでもなく、「運動」「変化」「報酬」のある授業が有効であるし、ノルアドレナリン分泌には、「10秒以内にしなさい」「もう二度と言いません」などの《緊張感のある》授業が有効である。

セロトニンは、私が『セロトニン5《ファイブ》』と呼ぶ癒し系のスキルで増やすことができる。やさしく表情豊かに、「見つめる」「ほほ笑む」「話しかける」「ほめる」「触れる」スキルがそうである。これらは、発達障害児だけでなく、すべての子どもと大人に対し『満足度』を上げる基本スキルと言ってもいい。逆に使いこなすことができなければ、子どもや親や同僚に対するコントロール力は極めて弱くなる。

『満足脳』を作るスキル

『スキル』とは技能という意味だ。医師だって美容師だってスキルを持っているから職業として成り立つし、患者やお客の要求やニーズに応えることができる。しかも、資格・免許を持つということは、それらの保持者は、ほぼ同じ見立てができ、ほぼ同じ結果を導き出すということでもある。

それでは、教師はどうであろうか？　例えば、授業中、ファンタジー（自分の世界に入っている）、集中力の欠如、独語、奇声、ちょっかい、指吸いなどが見られたら、多くの教師が同じような対応をするとは思えない。なぜなら、発達障害症状に対する授業スキルを具体的（実演的に）に教えてくれる大学はほとんどないし、教職に就いたら過去に自分が教えられた経験を真似した《我流の授業》を行う教師が多いからだ。

スキルとは、実際に子どもに表現する（脳へインパクトを与える）技能のことである。ダイナミックな（大胆な）、マジカルな（魔法をかけるような）、トリッキィな（巧妙な）言葉や表情などの表現力が子どもの脳（心）をワクワクさせ、脳の活性化を高める。表現力はトレーニングで身に付けるしかないが、読書を重ね豊かな言葉を持つことも不可欠である。子どもを《癒す言葉》《楽しくさせる言葉》《緊張させる言葉》《行動の価値基準を伝える言葉》が場面に応じてとっさに出てくるようになれば、効果的に子どもの脳を改善することが可能になる。もちろん、神経ネットワークづくりには、2～4週間程度以上の時間はかかるが、確実に脳は変わっていく。

『満足脳』は食べ物も不可欠

ところで、ドーパミンは準必須アミノ酸チロシンから作られ、セロトニンに至っては必須アミノ酸トリプトファンから作られる。ノルアドレナリンはドーパミンが変化（代謝）して作られたたんぱく質である。《準必須》とはある程度は体内で作ることができるという意味であり、《必須》とは体内で作ることができないという意味である。したがって、特にトリプトファンは食べ物から補給せざるを得ない。

私たちは、大豆から抽出されたホスファチジルセリン（ＰＳ）をＡＤＨＤ児に摂取してもらいＡＤＨＤ症状を改善することに成功した。これは、神経細胞膜を作る油の流動性（さらさら感）を高め、ドーパミンやノルアドレナリンのレセプター（受け取り口）でのキャッチを効果的にしたと考えられた。ピッチャーが投げたボールがキャッチャーのミットにうまく捕球されるイメージである。

また、赤身の魚から抽出されたＤＨＡ（ドコサヘキサエン酸）を発達障害児に摂取してもらったところ《キレ》が改善した。セロトニン神経が成長しシナプスでのＤＨＡ濃度が上昇したことが推測された。

ホスファチジルセリンもＤＨＡも天然の食材から得られた素材である。給食を含めた食育の大切さを示唆している。ただし、ＰＳは大豆3キログラムからわずか100ミリグラムしか抽出できない。そのために栄養補助食品（サプリメント）の摂取も考えられる。

セロトニンは癒しをつくりだすたんぱく質である。セロトニンが満たされると、表情がやさしくなり、安心感の満足度が高まる。セロトニンは必須アミノ酸トリプトファンとビタミンB_6から作られる。ただ、トリプトファンはなかなか脳に行ってくれない。血液脳関門という脳に行くための関所を通ることが難しいのだ。そこで、工夫が必要になる。種を明かせば、すい臓から出るインスリンと一緒に走らせることが効果的なのである。

インスリンとは、血糖（血中の糖濃度）を降下させグリコーゲンの合成を促進する唯一の解糖（糖を分解する）ホルモンである。ちなみに、糖尿病とはインスリンの働きがうまくいかなくなった場合に起きる。グリコーゲンは、筋肉や肝臓に蓄えられる脳活動や運動のエネルギー源である。

インスリンを出すためには甘いもの（スイーツ）を食べるのがいい。食後にアイスやあんこ、果物などのデザートをちょっとだけ食べればいいのだ。

セロトニンそのものは、マグロ、ブリ、カツオなどの赤身の魚、牛や豚などの赤身の肉に多く含まれている。また。トリプトファンは、チーズ、納豆、牛乳、ヨーグルト、豆腐、卵、のり、胡麻などに、ビタミンB_6は、魚、しょうが、にんにく、唐辛子、バナナなどに多く含まれている。

トリプトファンとビタミンB_6の組み合わせでセロトニンが作られるので、《ヨーグルト&バナナ》がいい。お酒が好きな人なら、《おろししょうがを添えた湯豆腐》がお勧め。

セロトニンは、幸せ、満足、安心を感じさせる脳のエネルギーだが、もう一つ、元気、集中力、抑制、ワーキングメモリを支える大事な脳のエネルギーがある。『満足度』の高い人は、セロトニンを使う《癒し系》だけではなく《元気系》でもある。その元気系はドーパミンという神経伝達物質をたくさん使うことで可能となる。

ドーパミンの材料は準必須アミノ酸のチロシンだ。準必須アミノ酸であるが、子どものころはほとんど作られないので必須アミノ酸だという人もいる。このアミノ酸を多く含む食材は、チーズ、たけのこ、鶏卵、バナナ、納豆、ご飯（お米）などである。やはりビタミンB_6との組み合わせがいい。

ＤＨＡはドコサヘキサエン酸という魚の油。マグロの刺身が有名だが、ブリ、サバ、サンマ、ウナギ、マイワシなど背の青い魚に多く含まれている。ＤＨＡは神経細胞の膜やシナプス周辺に多く存在し、セロトニンやドーパミンを効率よく使うためにはどうしても必要なものである。例えば、セロトニン神経のシナプスで《癒し系の物質》セロトニンをたくさん使えるようにしてくれる。ＤＨＡの最初の素材はα－リノレン酸という不飽和脂肪酸だ。青じその実から抽出したしそ油（市販されている）も

ＤＨＡとほぼ同じ効果がある。大根などの冬野菜もいい。鍋料理に入れる野菜だ。ちなみに、体内では、α－リノレン酸⇓ＥＰＡ（エイコサペンタエン酸）⇓ＤＨＡと代謝されていく。

ちなみに、ライバルのようにいわれるリノール酸（紅花油、ひまわり油、コーンオイルなど）であるが、この油も必須脂肪酸とはいえ、必要量の10倍も摂っている時代なので、控えめにしたい。揚げ物、炒め物、コンビニ食が摂り過ぎのもと。リノール酸を摂り過ぎると、神経細胞の膜の働きが低下して、うつ状態などになってしまう可能性が高い。さらさらした油をわざわざ固めて食べるトランス型脂肪酸も同じだ。マーガリン、ショートニング、フライドポテトはできるだけ避けたほうがいいだろう。

こうした脳改善に貢献する栄養や食べ物については、それだけでも膨大なページ数になるので、別の機会に改めて紹介したい。ちなみに、私は料理が大好きで『脳に良いランチの会』などに携わってきた。

行動にはすべて理由がある

理由のない子どもの行動はない。原因を確実につかめなくても、脳科学や臨床発達心理学などの最新の本を読み、教育実践とフィードバックさせている教師は原因を推測できるはずである。当然であるが、教師はそうでなくては困る。解釈や分析のできない教師は子どもの表面的な《カタチ》だけ変えようとするからである。例えば、授業中、姿勢が崩れていたら、「背筋を伸ばしなさい」と注意して、姿勢という《カタチ》を無理やり変えようとする。

実は、姿勢の崩れは、不安作動系が強く働くために起こることが知られている。神経伝達物質のセロトニン量がシナプスで低下しているのである。そのため、対応としては注意ではなく、そばへ行ってかまってあげることが改善につながる。『セロトニン5《ファイブ》』の活用だ。

症状の多くは無意識的な脳の指令

　クルマに例えれば、アクセル（興奮）は原始的な脳である扁桃体《へんとうたい》が担当し、ブレーキ（抑制）は人類の歴史で最も進化した前頭葉《ぜんとうよう》が担当している。単純に言えば、両者のどちらが優位に働くかで、《自己コントロールがきく脳》か《衝動性が出現しやすい脳》かが決まる。衝動的な行動の多くは意識的にやっているわけではない。意識するとは、ほとんど内言語（頭の中で使う言葉）を使うことであり、前頭葉を中心とした大脳新皮質の担当であるからである。

『意識』は、前頭葉のワーキングメモリ（情報を書き込み操作し意思決定する「記憶の仮想黒板」）が担う。そのために、例えば、多動―衝動タイプのＡＤＨＤ児が授業中に立ち歩いたりするのは、ほとんど意識的な行動ではない。脳に、関連神経伝達物資（特にドーパミン）が不足しているので、立ち歩くという《運動》をすることにより、そうした物質を増やしたのである。運動でドーパミンを増やすことができるからだ。

教師はこうしたからくりを知るべきだ。発達障害は脳の機能不全（働きの不具合）が原因なので、《注意する》対象にならないことは明白だろう。注意をしても不安作動系を強めるだけで、脳は改善しない。逆に報酬作動系を強めることで、症状は改善する。つまり『満足度』だ。簡単に言えば、人は報酬を得なければ、やる気も出ないし、心（脳）が安定せず落ち着きもなくなる。

スキル化された言葉と表情

言葉と表情が脳に響く

端的に言って、人間関係を築くスキルは『言葉と表情』しかない。《やさしく感じる言葉》《楽しく感じる言葉》、逆に《不快に感じる言葉》がある。表情も同じだ。一般に、人は不快に感じる人には近づかない。脳が心地よくならないからである。怒ったり、怒鳴ったり、嫌味を言ったり…、目が据わっていたり、口先で話したり、笑顔がなかったり…。こういう人たちは相手の脳に好印象を与えない。つまり、《やさしい心地よさ》と《楽しい心地よさ》を与えない。そのために、人を元気にさせてくれないのだ。子どもたちの心を《暗く》している言葉や表情があるということだ。

響く言葉のスキル

言葉は意思伝達の手段だが、『左脳の論理』と共に『右脳の感情』も伝えようとする。感情のこもった言葉に、私たちは感動したり、希望をもらったりする。コミュニケーションで、言葉に感情を付与することは大切だ。もちろん、言葉にならない感情もあることは言うまでもない。

否定や言い返しもできるだけ避けたい。それぞれの人の脳には歴史があるので、その歴史（事実）を尊重するところから始めたい。臨床的な教育が事実から出発するのはそのためだ。《そ》が付く言葉は有効である。「そーなの」「そうなんだ」「そうか」「そうだよね」などは、相手の心を傷つけない。事実を認める言葉だからだ。《ど》が付く言葉もいい。導入段階で使える。「どうですか」「どうしたの」「どれどれ（話してごらん）」「どうぞ」「どういたしまして」などだ。

ほめることは、『成功体験』の積み重ねにつながる。ほめられたことは一般に繰り返そうとするからだ。ほめ方には5種類ある。

1 **短いフレーズで元気よくほめる。**「すてき」「ばっちり」「すごい」など。

2 **名前を付けて特定化してあげる。**「すてきですね、菜々子さん」「ばっちりだよ、一郎君」など。

3 **成長や達成を実感できるようにほめる。**「できるようになってきたね」「やったじゃない」など。

4 **にっこりほほ笑んで事実を話題にする。**「（ノートに）書いてる、書いてる」「（ノートに）消してる、消してる」「いい顔、いい顔」など。かまってもらっている感じが出て満足度は高まる。2回繰り返すとリズミカル（音楽）になるので脳は喜び効果的だ。

5 **期待効果を狙ってほめる。**「（集団から離脱している場合）中に入ってくれたらうれしいな」「(教科書を出していない場合) 出してくれたら、先生、チョーうれしい」など。

響く表情のスキル

表情を作るのは目と口。キラキラ輝いて見えると好印象だ。そのためには、目と口をたくさん、しかも大きく動かすトレーニングが不可欠である。目の動きが大きいと魅力的に見える。口が横に大きく動くと声もよく出て明るい感じになる。いわゆる笑顔だ。目と口の動きが小さいと、好印象にはなりにくい。

では、なぜ、目と口を大きく動かすと、キラキラ光るのか? その答えは《水》にある。目が大きく動くと、涙腺が刺激され、涙が多く出るようになる。この涙に光が当たってキラキラ輝く。また、口を大きく動かすと唾液がたくさん分泌され、この唾液に光が当たって、歯や唇がキラキラ輝く。《光るアイシャドー》や《光る口紅》は同じような効果を生み出しているということになる。

目を大きく動かすには、3秒程度目をつぶり、その後パッと見開くトレーニングをするといい。まぶたの上にある眼輪筋《がんりんきん》のトレーニングである。口を開かせるためには、ボールペンのような棒状のものをくわえて、「い」という音と「う」という音を交互に出すといい。鼻と口の間の大頬骨筋《だいきょうこつきん》のトレーニングである。両方とも表情筋であるが、筋肉は皮膚の下にあるので、トレーニングでは意識的にゆっくり動かすのがコツである。

繰り返しインパクトを与える

発達障害児に報酬系を刺激するインパクトを繰り返し与えるのは不可欠である。神経ネットワークは、同じような情報（インパルス）が繰り返し流れることで、増強されていく。それゆえ、例えば《できたらほめる》ことを繰り返し、確実な『成功体験』を増やしていく。ただ同じほめ方では飽きてしまうので、変化をつけて繰り返すといい。「いいじゃない」「なかなかいいじゃない」「最高にいいじゃない」「先生よりいいじゃない」「日本一いいじゃない」など「いいじゃない」に変化をつけることはいくらでもできる。

また、子どもの脳へのインパクトは、子どもと教師の距離が近いほど強くなる。したがって、教師は、黒板の前ばかりにいないで、発達障害児のそばへ行き、必要な刺激（ほめる、緊張を与える、かまってあげるなど）を与えることが症状改善には効果的である。そばに行けば、対話のある授業にもなり、子どもたちを飽きさせない。これが集中力を引き出す有力なスキルである。

ワーキングメモリトレーニング

決断と実行のワーキングメモリ

ワーキングメモリとは、短期記憶（今まさに入力された情報）と長期記憶（これまでに学習してきた情報）を『記憶の黒板』（仮想）に一時的に書き込み、それらを保持しながら組み合わせて、別な情報をつくりだし、それを基に決断や行動を実行（遂行）する高度な認知機能のことである。

脳の前頭前野（脳内操作系）が担当していることは明らかで、思考・言語・概念・推論・判断・計画・見通し・理性をベースに、目的的行動・効果的行動を生み出す。

例えば、営業マンが職場のデスクで、上司や同僚のアドバイスをもらいながら、ネット情報や社内データなどを参照し、パソコン画面上で売上向上を目標とする営業戦略書を作成するイメージである。

そこには、必ず《作業するための記憶》《ある目的のために働く記憶》がある。したがって、ワーキングメモリ（作業記憶）と呼ばれている。

黒板での作業（操作）過程で意識が生まれ、「自己コントロール」の基盤をつくる。ということは、衝動やキレを改善するには、ワーキングメモリ容量を増やせばいい。

ワーキングメモリを獲得し進化してきたのは、対人的交流の必要性からであったようだ。いわゆる「社会脳」形成だ。ワーキングメモリには、自分と他人の空間位置関係を保持し操作するために進化した面と、他人の表情や社会行動に関する情報の獲得のために進化した面とがある。

澤口俊之氏によれば、ヒトを含む真猿類（約4000万年前に誕生したオランウータン、ゴリラ、チンパンジー、ボノボ、ニホンザル、アカゲザルなど）のみが46野近傍（ワーキングメモリがある脳番地）を発達させたという。

ワーキングメモリは4歳ごろから発達し始め8歳ごろまでの脳でよく育つ。4歳とは、前頭葉や『心の理論』（相手と自分との意味ある情報を保持し操作する力）の発達開始時期と同じであるし、8歳とは神経回路（シナプスの発生）が急速に減少する（ある環境にさらされた記憶と学習は伸びるが、全般的には弱っていく）時期である。要するに、8歳までのワーキングメモリトレーニングは極めて効果的だということになる。

人間は、進化的にもっている脳機能を基盤に新能力を発達させてきた。例えば、《話す》という領野は生まれたときにすでに側頭葉にあり、それを基盤に、《読み》《書き》の文字言語を発達させた。

ちなみに、同時期に地球上に存在していたネアンデルタール人が滅びクロマニヨン人が生き残ったのは、後者が《読み・書き言葉》を持っていたからだと考えられている。遠く離れた所の仲間と情報交換ができ（情報を持って行くことができるから）、戦略上有利に働いたのである。

ワーキングメモリの向上には《読み・書き言語》があったほうがよく、そのために学校教育では自然に《話す》⇓《読む》⇓《書く》という学習過程が成立してきたのではないだろうか。

ワーキングメモリのタイプ

ワーキングメモリは、聴覚情報や内言で作業する『音韻ループ』、視覚情報で作業する『視覚・空間イメージ』、文字言語で作業する『記号メモ』とからなる。

多くの研究者は、『音韻ループ』と『視覚・空間スケッチパッド』から構成されると説明する。『音韻』とは言葉の意味の区別に役立つ音の最小単位であり、『ループ』とは反芻（くりかえし）のこと、『スケッチ』とは書きこむこと、『パッド』とははぎ取り式ノート（いわゆるメモ帳）のことである。

もちろん、こうした構成概念（実際に見ることはできず頭の中で組み立てたある理論的体系）は尊重するが、教育では『ループ』『イメージ』『メモ』の3つに分けたほうが授業スキルを使いやすい。それぞれの特徴は次のようになる。

ループ――主に話し言葉（対人関係用）や音楽を処理

イメージ――主に映像・絵・計算・協調運動（非対人関係用）を処理

メモ――主に読み・書き・計算（論理的思考用）を処理

読み・書き・計算も音韻に変換する点では『ループ』であるが、ただ、算数は協調運動と同じ『イメージ』でもある。また、すでに述べたように、扱う情報内容の違いから『ループ』と『メモ』は分けたほうがいい。

教育臨床面から述べてみよう。

『ループ』処理型は、話し言葉（主に対人関係情報）で作業する。相手と自分の言い分を反芻するのでその間に修正ができる。そのために決断には時間はかかるが、冷静な実行となりやすい。ただ、この処理結果は不完全（誤解や言い間違い）で、しかも深い思考には向かずしばしば非論理的。長期記憶に《話し言葉情報》が多いと、ループ依存型になる。

『イメージ』処理型は、画像や動画（非対人関係情報）で作業するので、処理の過程で、相手の立場を理解・尊重する余裕がない。修正はしにくく、しかも瞬時の判断になるので、衝動的な実行（キレる・パニック）になりやすい。長期記憶に《イメージ情報》が多いと、イメージ依存型になる。この型は、「どうして、そんなことするの？」と聞かれても、答えようがない。『ループ』や『メモ』がない真っ白な仮想黒板に「なぜ？」「どう思う？」と聞くこと自体、心を追いつめることになる。

理想は『メモ』処理型。話す・読む・書く・計算する・映像（画像や動画）を見る・音楽を聴くなど、幼少時より、『ループ』と『イメージ』に『メモ』を介入させる子育てや教育がなされた場合、この境地に達する。ただし、実行にかかわる『ループ』『イメージ』『メモ』の配分は、状況により変わることがある。例えば、レポートを書いているときはメモ優位でも、とっさの状況ではイメージ優位になりやすい。

もう一つタイプを紹介しておこう。『継次処理』と『同時処理』である。

継次処理は、情報を連続的かつ逐次的に分析し、処理する情報処理である。順序性を重視し、時間的聴覚的な手がかりで分析的に処理する。一方、同時処理は、情報をすべて見通し、その全体から関係性を見つけ出す情報処理である。要するに、いくつかの情報を視覚的な手がかりで空間的に統合し、全体的に処理する。

当然、ワーキングメモリ容量の少ない子どもは、複数のことを順番に処理する継次処理や複数のことを同時に処理する同時処理が苦手である。

ワーキングメモリトレーニング

まずは、負荷をかけるスキルを紹介しよう。ワーキングメモリは負荷がかからないと（脳が少し困らないと）効果が低下する。対象児のワーキングメモリレベルに対して以下のような設定をする。

①処理する課題量を達成ぎりぎりまで増やす
②作業課題レベルをぎりぎりまで難しくする
③作業課題をぎりぎりまで単調にする
④工夫しなければならない課題にする

次に、学習意欲を引き出すスキルを挙げておく。《受動的》より《自発的》に取り組むトレーニングが効果的である。

①作業目的を明確にしてあげる

②この学習は必要だ《意味がある》と思わせる
③作業や運動をたくさん取り入れる
④高く評価する、認める、ほめる、励ますようにする
⑤《できないこと》も尊重する

学習意欲には、『即時満足感』が効果的なので、最後は100点になるようにしてあげたい。多少ミスがあっても最初は99点と付けておく。要は、脳の報酬系を繰り返し刺激することである。神経ネットワークは、同じような情報が繰り返し流れることで増強されていく。

なお、長期記憶（記憶の貯金箱）に、豊富な《話す・読む・書く》語彙、音楽、映像、運動に関する体験・体感情報を増やしたい。

次に、処理タイプ別の対応スキルである。

継次処理は、①段階的に情報を提供する、②言語的な手がかりや指示を重視する、③段階を教えたりリハーサルさせたりする、スキルが特徴的である。ちなみに、リハーサルとは、繰り返し覚えさせることであるが、幼児は自発的なリハーサルは行わないので、繰り返し言わせると記憶量が増加することが知られている。

同時処理は、①視覚的・運動的手がかりや指示を重視する、②全体的な概念や問題を最初に与える、③課題を具体的なものにする、スキルが特徴的である。

最後に、トレーニング効果について紹介しておく。

時間的には、一日15~30分ぐらい、週5日のトレーニングで、4~5週間後に効果が現れやすい。また、特定のトレーニングを行っても『般化（応用）効果』が起こりやすい（川島隆太氏）。

なお、脳スペースは限られているので、刺激入力が多く、よく活動するワーキングメモリ神経回路は、ほとんど活動しない神経回路との競争に勝つ。

ワーキングメモリトレーニングの具体例

①黙読する

ここで注意すべきは、「音読」は読むことに、「黙読」は理解することに、脳のエネルギーが使われやすいということである。読書の目的を考えたい。

②ノートに書く
　視写、聴写、なぞり書き、写し書き、作文などすべて効果的である。
③百玉そろばん（算盤）で計算する
④数字の単純計算を行う（暗算が効果的）
⑤歌う・楽器を鳴らす（絶対音感や相対音感の獲得にも有効）
⑥料理をしたり、料理の手順を語ってもらったりする（包丁の使用が効果的）
⑦フラッシュカードを高速で見せる・五色百人一首の読み札を高速読みする
⑧バイクや自転車に乗りダート走行する
⑨親が子どもに積極的にかかわる（絵本、スポーツ、遊び、お手伝いなど）
⑩模擬的にコンビニへ行き買い物するシーンを語ってもらう
⑪ストループ課題を行う
⑫「あ」のつく言葉をたくさん書いてもらう
⑬指示されたある形をたくさん言ってもらう
⑭指示されたじゃんけんをする

【単純計算】次の計算を暗算でしてください。

①46＋27＝

②82－39＝

③12×8＝

④138÷6＝

⑤25＋95の平均は？

⑥100から7を引き続けてください

⑦6，3，8，2，7を逆唱してください

⑧4，8，0，6，1，9，4，3を逆唱してください

【料理の手順】買ってきた豆腐を手のひらにのせ、包丁で12個にカット（やっこ切り）します。その様子を説明しながら、切ってください。

【ある形】3分間の間に「丸いもの」を思いつくだけあげなさい。

【じゃんけん】先生が出したじゃんけんの名前を言って、じゃんけんに負けてください。

例えば、④（単純計算）、⑥（料理の手順）、⑬（ある形）、⑭（じゃんけん）では前ページのようになる。レベルは読者向けに設定してある。

なお、ストループ課題とは、《文字の意味》と《文字の色》のように同時に目にする2つの情報が干渉しあう現象を利用したワーキングメモリ課題。

例えば、「赤色で書かれた《あか》という字の色名を答えてください」と質問する。もちろん答えは《赤》である。次に、「青色で書かれた《あか》という字の色名を答えてください」と質問する。答えは《青》である。このように複数の同時刺激の処理で葛藤（ある刺激を抑制しなければならない）を生じさせる課題といえる。『選択的注意』のトレーニングとしても用いることができる。

教師を育てる〝内なる教師〟

《龍馬君》が見えなかった先生たち

2011年、新年早々話題になった冊子がある。広汎性発達障害、注意欠陥多動性障害、発達性協調運動障害をもった龍馬君（仮名）が、小学校6年間の様子を述懐した記録（夏休みの自由課題）に解説が付いた「発達障害児の訴え―龍馬君の6年間―Ⅰ・Ⅱ」（東京教育技術研究所刊）である。私も参加させていただいたが、今後も教師たちに読み継がれていくだろう発達障害の教科書である。

龍馬君は、小学3、4年生の時には、《「何でも障害のせいにするな!!」と先生に言われた・毎日毎日、僕をバカ扱いした》と記している。多くのクラスメイトにも、「龍馬はバカだ!」「おめー来るなシッシ」など、人格を傷つけられる言葉の暴力を受けたようだ。この際受けた心の傷（トラウマ）が消えず、PTSD（心的外傷後ストレス障害）に罹患しているように思えるが、もしそうであれば、先生（あえて教師とは呼ばない）はどのように責任を取るのだろうか?

クラス環境を改善もせず、さらに先生自ら発達障害を偏見視する原因は何だったのだろうか? 私は、ここに『メタ認知』と称される反省的思考の概念を導入してみたい。自らの授業行為を反省し改善する形成的評価と類似している。

簡単に言えば、子どもを見ている教師自らの認知過程を自発的にモニタリング（監視）し、その結果として（努力や学びが不可欠であるが）、子どもを見る目を変容させる調整機能である。

この『内なる教師』とでもいうべき調整機能が、授業行為の工夫、クラス環境の改善につながり、発達障害（傾向のある場合を含める）児をはじめ、クラスメイトの心の成長を実現するのである。

ちなみに、龍馬君の人格を傷つける言葉を吐いた子どもたちもある意味では被害者でありケアーが必要である。そうした言葉を発しなければならない神経ネットワークを作ったのは、彼らの生育歴の中で出会った大人たちだったのではないのだろうか？

《龍馬君》の特性をなぜ認められなかったのか

勝ち負けにこだわる、服装にこだわる、頭髪にこだわる、時間にこだわる、音にこだわる、規則にこだわるなど、枚挙にいとまがないほど、広汎性発達障害の子どもたちは『こだわり行動』を示す。こだわりがあるからこそ、特異な才能（記憶力）を発揮する場合が少なくない。何かにこだわるということは、逆に何かにこだわらないということでもある。脳は、すべてにこだわるようにはできていないし、すべてにこだわらないようにもできていない。競い合った（ある環境にさらされた）神経ネットワークが幅を利かす。だから、偏った才能となる。ノーベル賞受賞者、それとは比較にならないがセンター試験高得点者など、あるこだわり分野に脳のエネルギーを注いだ結果だ。

マイクロソフト社を立ち上げたビル・ゲイツはアスペルガー症候群である。彼は、ぼさぼさ頭で、公式な場でもジーパンをはいて出かけたようだ、頭髪や服装よりも、パソコンのOS開発にこだわりを持っていたのではないのだろうか?

彼がいなければ、IT革命はここまで進んだろうか? もちろん、歴史に「もし…だったら」という考えはタブーかもしれないが、私は、現在のようなパソコンの画期的な進化は起きなかったと考える。龍馬君の担任はビル・ゲイツを「バカ呼ばわり」するのだろうか?

同じく、特殊相対性理論及び一般相対性理論、相対性宇宙論を創り出したアルベルト・アインシュタイン、ディズニーランドを創ったウォルト・ディズニー、『サイコ』(1960)、『鳥』(1963)などのサスペンス映画の巨匠アルフレッド・ヒッチコックはアスペルガー症候群であった。彼らに「何でも障害のせいにするな」と言うのだろうか?

こうした変わり者を多くの教師はなぜ認めることができないのか? それは、自分にとって意味を見出せない世界は否定する（自分の知らない世界は見えない）ということだろう。400万部以上を売った『バカの壁』（養老孟司氏著）が、そのことをわかりやすく説いてくれる。歴史（特に人物伝）を読めば見えてくるはずだ。いろいろな人材がいて社会だし歴史である。大切なのは、その多様性を知り認めるということだ。よほどの不適応に陥っていなければ、発達障害児の個性や特性を応援してあげるのも教師の仕事だろう。

26歳の若さでこの世を去った金子みすゞの「わたしと小鳥とすずと」の結びの一節、『みんなちがって、みんないい』をもじって言えば『みんなおなじで、みんないい』となろう。金子みすゞは、天国で、こうした先生を見て涙ぐんでいるのではないだろうか。

「できない」ではなく「ここまでできた」という見方

日本は、○○歳だから、○○年生だから、といった歴年齢や学年を基準として子どもを見る傾向が強い。しかも、国語も算数も、理科も社会も、対人関係も進学も《できる子ども》が基準となりやすい。その基準から、発達障害児を見ると、「これもできない」「あれもできない」と評価されがちである。簡単に言えば、他の同年齢の子どもたちと比較する見方、つまり『相対評価』をしていることになる。それに対して、ある子どもの前の状態と後の状態を比較する見方が『絶対評価』である。

発達障害児は、その特異な（各発達領域がアンバランスな）発達像から、相対評価をされれば、《できない》ことを要求され、心が追いつめられる場合も少なくない。反抗挑戦性障害や行為障害などの重篤な多くの二次的障害は追いつめられて起こる。

相対評価だけではなく、「ここまでできた」「できるようになった」という個人内の成長を評価することが、さらに発達障害児の成長に寄与する。特別支援教育は、〈個への配慮〉がベースにあるというが、まさにこういうことだ。

子どもの顔が見えてくる

自動車教習所で初めてクルマに乗った時、目の前のスピードメーターを見る余裕があっただろうか？　緊張のあまり、手元を見ることができず、前の景色を漫然と見ていたのではないだろうか？

授業も同じようなことが起こっていないだろうか？　クラスみんな（全体）に向かって授業をしているだけで、個々人の顔が見えていない。《一斉指導》の中に『個別アプローチ』が不可欠なのが特別支援教育の醍醐味だ。そばに行きかまってあげる、名前を呼び質問を投げかける、手を上げさせ当てる、答えられなかったら教える、教えて言えたら100点にしてあげる、授業前後に励ましたり、ほめたりしておく。

できるだけ発達障害児とは距離を縮めたい。脳にインパクトを与えることができるからだ。インパクトは神経ネットワークを増強させる。そのために、クラス構造を考える一つとして、タテに通路を作る。新幹線や飛行機と同じだ。通路があれば、パーサーやCAが客のサービスをしやすくなる。だが、もう一つヨコに通路を作ってほしい。クラスの俯瞰図（上から見た全体図）として、中央にタテ・ヨコの通路が十字系にセッティングされている。発達障害児の席は通路側にある。

教師はその通路を行き来することにより、気になる子どものそばへ行くことができる。こうした工夫も、子どもがよく見えるようになり、『メタ認知』の能力を伸ばすことになる。

さらに、クラス集団を４分割でき、子どもたち相互の刺激量を減らすことにもつながる。発達障害児は、集団の規模をできる限り小さくしてあげたほうが居心地よくなる。

授業行為をモニターする

教師が『メタ認知』を伸ばすためには、自らの授業をビデオで見てみると効果的である。可能であれば、テレビスタジオやコンサート会場のステージ前面にあるようなモニターをセットしたい。即時フィードバックにより、手に取るように、自らの授業行為を知ることができ、反省や修正の情報を得やすくなる。

ただ、自分の映像を自分で見るだけでは限界もある。その映像を授業の上手な教師や専門家に見てもらうといい。批評され、代案・対案授業を見せてもらうことで、授業力は格段に進歩する。それは、『メタ認知』すなわち〝内なる教師〟が成長するからである。

脳外科医の卵は、高度なスキルをもった医師の手術場面を何度も見て、自からイメージトレーニングを繰り返し、スキルを身に付けていく。その過程は、反省、反省を迫られ、かなり厳しいものであろう。我流で手術されたいと思う患者はいないであろうし、関連学会のコンセンサスは得られない。授業にもやり方（法則）がある、と心掛けたい。

教師を育てる自己申告型評価システム

すべての教員に必須の特別支援教育

特別支援教育は、2007年4月に本格スタートした。従来の特殊教育の対象に加え、《LD・ADHD・高機能自閉症等の児童生徒》（文部科学省）と呼ばれるいわゆる発達障害の子どもたちが対象になった。こうした子どもたちの多くは通常の学級にも在籍していて、すべての教員は特別支援教育を担当しているといっても過言ではない。

ところが未だ、特別支援教育に対応していない学校もある。校内委員会さえなく生徒指導委員会にまるなげしている学校もある。特に中学校に多い。善悪を教える生徒指導だと錯覚しているケースも目に付く。対象児の中でも、特に発達障害児の特性を理解できずに、怒ったり、怒鳴ったり、体罰を加えたり、無視したりして、二次的に心の問題を併発させている学校や教員も多い。

厳しくしても、一般に発達障害は改善することはない。一時的に教師の望む《カタチ》はつくるかもしれないが、原因が脳の機能障害にあるので、脳の機能改善（神経ネットワークづくり）が求められているからである。神経ネットワークは、シナプスで使われる神経伝達物質の特性から見て、脳の『満足度』が鍵を握ると考えられている。授業や学級経営には、子どもが満足度を感じられる工夫やスキルが不可欠だということである。

ところで、授業には評価がつきまとう。いわゆる教員評価の一つが授業評価であるが、特別支援教育の授業評価システムを提案しておきたい。人が人を評価する他者評価には批判も多い。自己評価を前提とした能力（スキル）アップ型の評価であれば、特別支援教育の授業スキルを伸ばしていくためにも有効である。管理職がしっかりしていれば、教師力アップには効果抜群である。

教員評価に客観性はあるのか？

「教員評価は客観的性がない」という批判をよく耳にする。よく考えてみればわかるが、人が自分の脳に問いかけた結果が評価であり、元々、最初から客観性があろうはずはない。脳には個人差（遺伝と環境が織り成す意識の差）があり、当然、人への印象の持ち方にも個人差があるからだ。多くの人が同じ評価をしたというのは、多くの脳が同じような印象を共有できる程度に一般的なわかりやすい結果が示されたか、評価尺度が、例えば3段階評価（はい、どちらでもない、いいえ）のようにシンプルだったかである。

評価をだれがするのか？　多くの場合、校長・教頭、教員相互、子ども、親、第三者機関、自己評価などが考えられる。自己評価を除けば、基本的に、「人が人を評価する他者評価」に他ならない。ここに不満が発生しやすい。特に、『指導力不足の教員』と評価された際の不満の根源はここにある。

自己評価をもとにした自己申告型評価は、校長の学校経営方針を受け、自己の目標を設定できるので、教員個人のプライドは保たれやすいし、校内のモラルも維持しやすい。また、結果に対する評価というより、教員の能力を開発していく側面が特徴としてあげられる。

教員の仕事は広範囲にわたり、学習指導、生活指導、進路指導、学校運営、特別活動、研究・研修、部活指導が考えられるが、本書では、主に学習指導（授業）にターゲットを絞り、教員評価を議論してみたい。

能力開発を目指す自己申告型評価

特別支援教育（特に発達障害教育）の歴史が浅いため、「障害理解がない」「対応スキルがない」などと教員を責められない面もある。講演会や研修会などに参加しても、講座ものでは、《教室にいる子どもたちとつながらない》という不満もよく聞かれる。講師の言葉による特性の伝達ではイメージをつくりにくいことや、授業や学級経営のスキルをライブで学べないことが背景にありそうだ。

そこで、教員の特別支援教育のスキルを伸ばすような評価システムがあればいい。ある程度スキルがある教員でも、さらなるスキルアップができるようなシステムがあればいい。

スキルとは、何とかして対象児の学力や生きる力を伸ばし、不適切な行動があれば改善する《工夫》に他ならない。このスキルの開発に学校全体で取り組み、特別支援教育の基本スキルを蓄積することは有益である。しかもスキル化するので、教員間で指導（支援）法を共有しやすくなるし、ベテラン教師から新人教師へのアドバイスもしやすくなる。

こうした能力開発型の評価システムが『自己申告型評価システム』である。このシステムを以下に提案してみたい。

システムの概要

教員は『自己申告カード（仮称）』に、受け持つクラスの対象児の教育目標（教育目的・方法・内容など）を書き込む。その際、必ず、校内委員会で作成する『個別の指導計画』をベースとする。個別の指導計画の《実施計画案》と捉えるとわかりやすい。ただし、通常の学級であれば、対象児だけではなく、クラス全体への配慮も書き込む必要がある。クラス全体と対象児個人の両方の見方がどうしても必要だからである。理想は、クラス全員のニーズに配慮する自己申告が欲しいところである。この考え方が『インクルージョン』（クラスすべての子どものニーズを満たす考え方）である。

ちなみに、かつては『インテグレーション』という、クラスの障害児のニーズだけに着目する考え方が優勢であったがうまくいかず廃れてしまった。

この自己申告カードを、4月初旬に作り、校長や教頭と面接しアドバイスを受ける。修正がある場合は目標を追加・変更し、再設定する。親の希望もできる限り盛り込むと、学校と家庭の連携（同じ方向性）ができてよい。

この目標に従って1学期の授業が始まる。状況は、校内委員会で報告しておく。1学期の終わりに、目標を達成できたか自己評価をしてカードに書き込む。校長・教頭のアドバイスを受け、2学期に継続させる。

こうした方法で、2、3学期も学期ごとの自己評価をして、3学期の終わりには一年の総括自己評価をする。

このシステムには、担任だけではなく校内委員会（特に特別支援教育コーディネーター）が関与し、管理職のリーダーシップ性も期待できる利点がある。つまり、複数の〝目〟を経由している。しかも、親の意見も考慮できる可能性は高く、そういう意味では透明性がある。

対応スキルの基礎基本

特別な子どもにしない

最低限いえることは、怒らない、怒鳴らない、皮肉（嫌味）を言わない、体を押さえないことである。なぜなら、ＡＤＨＤ児やＰＤＤ児は、ほとんど意識的に症状を出しているわけではなく、周りにいる教師や子どもたちや教材・教え方に反発して、脳を守るために症状を出しているからだ。教師に反発して症状を出している場面が多いのは特に授業においてである。逆に言えば、症状を出させなくていい《魅力的な指導法》＝《対応スキル》があるということである。そのキーワードが『満足度』である。

授業中は、クラス全員と目を合わせ、最後列まで声が届き、子どものそばへ行くスキルは持っていてほしい。これだけでも、効果的な授業力になる。

ＡＤＨＤは発達障害と呼ばれるが、授業中に、この《障害》という面を意識し過ぎると、子どものそばに居過ぎたり、名前を呼び過ぎたりして、《特別》という感じが出てしまう。これは、クラスメイトに《特別な子ども》というイメージを植えつけることになるし、また該当する子ども自身が好まない。普通にしておいてほしいのである。そこで、授業中、名前を呼ぶ場合は他の子どもの名前も呼ぶとか、机間指導の際も《できる子ども》のそばにも行くスキルが必要となる。

『特別支援教育』は、もちろん、《クラス全体》に向き合うこれまでの授業から《個》に向き合う授業に進化するという理念を含んでいる。しかし、こうした子どもの障害を《特性（長所）》として認めたほうがいい場合も多く、プライドも守る意味でも、あまり障害を意識せず、クラスの中のかけがえのない一人としてかかわることが大切である。

作業から入り言葉は減らす

指導法については、これまでの常識を覆すスキルが問われる。チャイムと同時に授業を始めるのもその一つだ。全員そろって挨拶をして授業を始めるようなことは非効率的である。フラッシュカードを使ったり、問題を出したりして始めてしまう。子どもはすぐに集まってくる。挨拶をしたければ、集まった後にすればいい。また、授業は説明から入らないほうがいい。『作業』から入るのである。絵地図、ノートに写すなどの作業を導入に使うことによって、授業はスムーズに進む。

ADHDやPDDにはLDが合併することが多く、文字（特に漢字や作文）や数字（特に筆算や文章題）に対し認知系の障害を持つ者もいる。「周りのクラスメイトができるから君もできるはずだ」と、ただ努力を押し付けたり、怒鳴り散らしたりしては、子どもは学習する喜びを味わうどころか、教師や国語・算数に拒否感を持ってしまい、その後いっさい勉強しようとしない子どもさえいるのである。

教師の使う言葉は短いほうがいい。わかりやすいからだ。「えーと」「あのー」などのよけいな言葉も不要である。『視覚的教材』は使ったほうがいい。聴知覚（音声に気づく・音声で理解する）の弱い子どもがほとんどなので、話し言葉だけに頼る授業では、子どもを惹きつけられない。ただし、だからといって、ただじっと視覚的刺激であるビデオ映像を見せておけばいいという話でもない。映像は癒しの道具であり、眠気を誘うだろう。動画を使うなら必要な箇所でストップさせ、言葉を補うほうがいいのである。聴覚情報と視覚情報の統合である。

ワーキングメモリの弱さや短期記憶の容量の少なさも知っておくと指導法が変る。ワーキングメモリとは、既述のように、学習に必要な情報を一時的にイメージしながら、それらの情報を操作して（組み合わせて）答えを出す働きである。操作する記憶であることから『作業記憶』ともいう。発達障害児は、この操作が苦手なので意思決定が間違うことになりやすい。子どもが操作しやすい情報入力に心がけると、子どもは決定しやすくなる。短い言葉や繰り返された言葉、わかりやすい映像を使うとよい。短期記憶とは、一時的に覚えて、それを再生する記憶であるが、通常、低学年で6個（本来は『チャンク』という単位を使う）ぐらいが平均である。発達障害の子どもは、その半分以下であることが多い。子どもの再生レベルを確認したほうがいいが、一般的には、継次的に行う指示は2～3個以内にとどめるべきである。

授業システム7つのポイント

自己申告型評価を進める際、特別支援教育の授業を展開するシステムに裏打ちされていることが不可欠である。もちろん、授業は、在籍する子どもたちに即して、クラスでの精神的な満足度を高めながら、学力や生きる力を伸ばしていく工夫が問われる。内容は現場にゆだねられるが、基本的なシステムの枠組みはあるように思われる。以下に7つ提案したい。

①システム全体を見ているか？

システム全体というのは、クラスの全体であり秩序である。このシステムが安定しないと、授業は成立しない。教師が、クラス全体をどのようにコントロールするつもりか、コントロールできたかが自己評価されなければならない。学級崩壊とは、このシステムが不安定もしくは壊れた際に起きる。

特別支援教育といえば、どうしても『個への配慮』へ傾斜しがちであるが、システム全体をコントロールすることが前提となる。

②下位システムに役割と関係性を見つけているか？

システム全体は、下位システムから構成されている。ここでいう下位システムとは、在籍する子どもたちのことである。

それぞれの下位システムには、クラス内でそれぞれの《居心地のよさ》を保障してあげなくてはならない。また、下位システムは相互に関連性を持つので、相互の反応性を見据えた授業展開が自己評価されなければならない。

③教室環境を整えているか？

教室環境もシステムに影響を与える。壁面の装飾は最低限にし、すっきりしているほうが、刺激コントロールがしやすいし、特に、集中力の弱い子どもがいるクラスでは、一般に黒板周りはシンプルなほうがいい。

席の配置については、②とも関連してくるが、配慮が必要である。視力・聴力・運動能力の程度、注意・集中力・落ち着きのなさの程度、こだわり・対人不安の程度などを考慮して指定席を準備したほうがいい。ＰＤＤ児は、後ろの席が空いているだけでも精神的に楽である。

対象児のいるクラスでは、より対話型（質問応答型）の授業展開が望まれる。一人ひとりをかまってあげて、満足度を高めることができるからである。黒板の前から説明型の授業をしても、子どもたちは授業に参加してこない場合も多い。対話型の授業は、机間指導（子どもたちの席を回る指導）を伴うので、教師が移動しやすいように、通路を確保しておいたほうがいい。

④脳科学から見て意味のある授業をしているか？

子どもの行動にはすべて意味があるように、授業行為にもすべて意味がある。この根拠は、脳科学にある。教育は脳育てだと言っても過言ではないからである。脳は端的に言えば、『記憶―学習装置』である。したがって、教師は脳科学を拠り所に、教育目標・内容・方法・評価を説明できなければならないし、そうすることが周囲を納得させやすい。教育は科学であることを自己評価のベースに置きたい。科学とは因果関係を明らかにできるということである。

⑤下位システムを修復する工夫をしているか？

システム全体が安定するためには、壊れやすい下位システムを修復する必要がある。例えば、対人不安や恐怖があり、そのために教師にかまってほしい子どもは、奇声を発したり、他の子どもにちょっかいを出したりして、『授業妨害』のようなことをしがちだ。確かに、一見授業妨害だが、善悪でその行動を判断してしまうと生活指導になってしまう。寂しくてやっている行為だと理解できれば、かまってあげたほうが妨害行動は激減する。このように、早めに下位システムを修復することが、安定した授業（システム全体）を実現できる。

⑥関連システムとつながっているか？

授業は一つのシステムとして捉えれば、何をすればいいのかが見えてくる。ただし、あるシステムは閉回路ではなく、別の回路すなわち別のシステムとつながっているという視点も時として大切になる。例えば、医療システム、家族システム、保護者会システムがそうである。直接、授業と無関係のように見えるこうした関連システムも、自己評価の中では視野に置いておきたい。

⑦進化しているか？

システムは子どもの成長に伴い、絶えず進化させなくてはならない。換言すれば、システムは《変化していくもの》《変化させるもの》という意識が大切である。なぜなら、極端に言えば、今日のクラスの状態（システム全体）や子どもの状態（下位システム）は昨日の状態ではないからである。それが子どもの成長・発達である。

システムのソフトを構成する教材も進化させることが不可欠である。明日を生きる子どもたちは30年前を生きる子どもたちではない。新しい時代に合った教材の活用・開発がシステム稼動には求められている。自己評価の中にもぜひ組み込みたい。

《特別支援学級》と《通常の学級》どちらがいいのか

特別支援学級というのは、簡単に言うと《個別》の指導で、通常の学級は《集団》の指導である。しかし、共通する点がある。学力の保証をするのはもちろんだが、より大切なことは『心の居場所』の保障なのである。わかる授業、教室での役割、クラスメイトとの良好な人間関係が不可欠になる。

別の視点から言えば、居場所があるということは、そのクラスで、自ら《表現ができる》ということである。自分の表現ができて、それを認めてくれる人たちがいるということである。

例えば、簡単な指導法は、『プレゼン（発表）』である。発表する子どもは台の上に立つ。聞いているほうは座っている。そうすれば、発表する子が目立つ。発表中と発表後に教師が介入し、クラスメイトに質問させたり、教師が質問したりほめたりする。クラスのなかで《表現ができる》《表現が許される》ということはとても幸せなことなのである。

さらに『人工空間度』も考えてみたい。学校は人工空間である。人工的に作られた枠で囲まれていて、1時間目、2時間目が決まっていたり、校則があったりする《計算された世界》である。この計算された世界が苦手な子どもが発達障害である。発達障害の子どもは、人口空間より『自然空間』を好むと考えられている。簡単に言えば、ＡＤＨＤやＡＳ（アスペルガー症候群）などの発達障害の子どもが一人で自然の中にいるならば、対人的トラブルの起きようがない。《単独行動》が主な行動様式だからだ。

そこで、人工空間度をできるだけ減らしたい。授業や学級経営のなかに自然空間をどれだけ入れ込むかも問われてくる。その点では、特別支援学級のほうが自然空間はまだ準備しやすいかもしれない。一方、通常の学級では、どうしても他の子どもたちの学力や居心地も保障していかなくてはいけない。それゆえ、発達障害のある子どもたちだけに合わせられなくなる。人工空間という観点からいうと、個別主体の特別支援学級のほうに軍配が上がる。

どちらの学級が良いのか？　まずは通常の学級を検討してみたい。観点は下記の2つであろう。

【できる限り通常の学級で】担任が特別支援のスキルを身につけ、工夫してできるだけ通常の学級で対応できないかぎりぎりまで検討する。

【子どもの特性を考慮して】親の考えと子どもの行動は参考にする。

さらに、子どもの特性も考慮したい。判断基準は3つであろう。

①集中時間はどの程度か？

②クラスのなかにいることのストレスはどの程度か？

③得意科目はあるか？

この3つがそろえば通常の学級にいられる。ストレスは感じないし、居場所はあるし、得意科目もあるので、プライドも保てる。これらのどこかが欠けると特別支援学級の検討に入ることになる。

最後に、特別支援学級への一時措置（あるいは年度途中の交流）に触れておきたい。一時措置は学校長の判断でできるが、この場合は、受け入れる教師（特別支援学級の担任）の理解度が問題になる。受け入れが可能になった場合は、形式的に時間数や教科を決めるだけでなく、学習内容や単元を考えて交流することが望まれる。その点で、校内委員会で作成する『個別の指導計画』を重視することが大切になってくる。個別の指導計画を基に、通常の学級の担任と話し合って授業をつくっていくということになる。

発達障害児がいるクラスの人間関係づくり

すべての子どもを満たすインクルージョン

《結婚した》《子どもが生まれた》。これだけで家庭にはならない。家庭はつくっていくものだからだ。同じことである。クラスは《あるもの》ではなく《つくっていくもの》である。クラスも家庭と同じくミニ社会だからである。

社会は、その構成員がそれぞれの個性や特性に応じた『満足度』が保障され維持されることが理想である。満足度とは居心地のよさと言い換えてもいい。クラスの中にすべての子どもの居場所があり、快適に過ごせれば、居心地のよさは実現できる。発達障害児だけが居心地よくても、通常の子どもだけが居心地よくても、クラスづくりとしては失敗である。

子どもはそれぞれ別個体であり、ゆえにニーズ（学習や生活で必要としていること）にも違いがあり、できる限りそれぞれのニーズが満たされる空間がいい。この考え方をすでに述べたように『インクルージョン』と呼ぶ。

ソーシャルスキルトレーニングで対人技能が伸びる

家庭内に、家族のだれかを《敵》と感じるメンバーがいれば、家庭はトラブルの危険度が高まる。１９７０年代以降、『抑制』を担当する前頭葉という脳が退化をしたことが知られている。極端に言えば、クラスメイトは全員、30～40年前までの脳に比べれば、抑制はきかなくなっているということだ。ＡＤＨＤ症状やＰＤＤ（広汎性発達障害）症状は、さらに抑制がきかない。こうした抑制のきかない子どもの集団で、一方的にだれかを敵、あるいはお互いが敵だと感じれば、トラブルはいつ発生してもおかしくない。休み時間、給食の時間、場合によっては授業中だって、けんかやいじめは起こりうる。

クラス仲間は、《仲間》であって《敵》ではない。ということは、お互いに敵だと感じない脳づくりが第一に行われなければならない。

クラスは四角で囲まれた人工空間である。自然空間とは異なり、人口空間には人がいっぱいで、それゆえに、ルールや約束が必要になる。ルールや約束は前頭葉の働きである。ルールや約束は善悪を判断する基準と言い換えてもいい。善悪を判断し、従える脳づくりが第二に行われなくてはならない。

この2つはソーシャルスキルトレーニング（SST）と捉えることができる。社会生活を営むための技能のトレーニングである。授業や学級経営の中で、こうした技能をいかに体得させるかは不可欠である。

クラスメイトは敵ではない

クラスメイトを敵だと認識しない脳づくりは、大脳辺縁系にある扁桃体という脳を育てることである。扁桃体は、好き嫌いや損得を判断する脳であるから、クラスメイトを《好き》あるいは、一緒にいて《得》と感じる脳にしてあげればいい。《好き》ということに価値観が伴い過ぎるとすれば、少なくとも、《一緒にいたい》《一緒にいても不安ではない・怖くない》という脳にしてあげたい。

この脳づくりのキーワードは『やさしさの満足度』である。やさしさを表現するスキルを学習すれば、反応する相手の脳は満足度を高める。やさしさは、やさしく「見つめる」「ほほ笑む」「話しかける」「ほめる」「触れる」スキルが効果的である。「うなずく」「話を聞く」「見逃す」などもそれらの類型である。特に、質問してかまってあげる対話型の授業は圧倒的な効果を生み出す。

授業中、先生が、机間指導で子ども（特に攻撃や反抗の強い子ども）のそばへ行き、まずは教師が、こうしたスキルを使って『安心の満足度』を高めてあげたい。かわいらしく、あどけなく表現したい。子どもは癒され、表情は和らぎ、教師と同じ表情を作るだろう。簡単に言えば笑顔である。笑顔を作る時、セロトニンやドーパミンといった神経伝達物質を分泌させる。『やさしさの満足度』が高まるチャンスが繰り返されれば、脳はこうした物質をシナプスで安定して使う神経ネットワークを形成する。低学年ほど早く形成されやすい。小学校3年生ぐらいまでが特に効果的である。

『サイコフィードバック』でこうしたスキルをトレーニングしてもいい。通常、サイコフィードバックは、脳波計を頭に付け、子どもの言動（脳の働き）がモニター画面に絵や図形などでビジュアルに映し出されるので、それを見せながら子どもの言動を修正していく手法である。自己啓発法としても使える。簡単には、ビデオカメラで、子ども同士がかかわっているシーン（表情やしぐさ）をモニター画面に映し出し『即時フィードバック』してほめて強化する方法である。いずれにしても、モデルである教師のしぐさや表情が問われる。

抑制の脳を育てる

抑制をかけるためには前頭葉でドーパミンとノルアドレナリンを使う神経ネットワークの構築が不可欠である。ドーパミンは、「楽しい時」「運動している時」「変化が起きた時」「工夫をしている時」など、ノルアドレナリンは「緊張した時」「厳しいと感じた時」「時間や人数に制限をかけられた時」「忙しい時」などに分泌されやすい。これらは、すべて授業の中で、教師スキルとして活用できる。例えば、「手を挙げさせる」「立たせて読ませる」など動きを取り入れた授業、「工夫させる」「考えさせる」授業、「あと30秒」「5人だけマル付けします」「だれが1番かな」といった制限を設けた授業などが効果を奏す。

『グループワーク』を活用した場合、3~5つ程度の小グループをくじ引きで決め、例えば、教師が《ルールを守る子、守らない子》の寸劇や絵本の読み聞かせなどを行い、それを参考に討論させ、プレゼンさせる方法などもある。プレゼンや質問した子どもには拍手喝采をおくっておく。

特性に応じた席の配置

家庭は、いろいろなことを考慮して、家族（メンバー）の部屋を決める。できるだけトラブルを減らすためという場合もある。クラスも同じである。全員くじ引きで（ただ偶然で）席替えをしている教師は、クラスづくりに失敗する可能性は高い。例えば、アスペルガー症候群傾向の子どもは支配欲が強いので同じような支配欲の強い子どもを隣席にしておけばトラブルの発生は高くなる。友だちに注意をしがちな子どもとADHD症状の子どもを隣席にすればやはりトラブルは起こりやすい。

このよう点に考慮しながら、子どもの特性に応じた席の配置を決めることもクラスづくりに貢献する。例えば、すべての席に番号を振り、番号を書いたカードを切って（シャッフルして）子どもに渡していく。この際、切らないカードが数枚教師の手のひらに隠されていて、配慮の必要な子どもに渡し指定席に座らせる方法がある。

学級の他の子に伝えるコツ

「小学校3年生の担任です。クラスにＡＤＨＤの男児Ａ君がいます。とても落ち着かず、授業中立ち歩いたり、他の子のノートに落書きをしたりします。他のクラスメイトがその子のせいで授業が進まないことに腹を立てています。こうしたＡＤＨＤの子の行動をどのように説明したらよいでしょうか?」

ある教師からの質問である。ＡＤＨＤだからこうなってしまうと考えると、結果的にＡＤＨＤ児はクラスにとって迷惑な存在である、という結論になるしかない。その観点から、他の子どもに説明しようとすれば、Ａ君がさらに孤立してしまう可能性がある。さらには、他の子どもの『障害認知』が、《障害＝迷惑》という歪んだ図式になるかもしれない。

問題を分析してみよう。子どもの行動にはすべて意味や理由がある。この子どもの行動にも原因が必ずあり、それを改善（解決）すれば他のクラスメイトは「腹を立てる」必要がなくなる。

「落ち着かない」「立ち歩く」のは、通常、前頭葉という脳の神経ネットワークがうまく働いていないためと考えられる。既述のように、ドーパミンやノルアドレナリンという神経伝達物質がシナプス間隙で低濃度なので、濃度を高める行為として、自ら運動しているという解釈が成り立つ。試しに、授業中に「立たせて読ませる」「手を挙げさせる」などの運動（作業）を取り入れてみるとよい。緊張感を高めるために、この子のそばへ行き、机の端に教師が指先を置いてみるのもよい。あるいは、「3秒で答えてごらん」「10秒で1つノートに書いてごらん」と時間制限をしてもよい。まずは、こうした授業スキルを使って、ADHD症状を抑える工夫をしてみることが大切である。

次に《他児のノートに落書きする》であるが、ちょっかいの一つだとすれば、「名前を呼んでほめる」「質問してほめる」「できるよと期待してあげる」など教師がかまってあげて、満足度を高めてあげればよい。

応用として、「落書きが上手だね。先生のノートにも落書きしてみる?」「先生、もっと落書き見てみたいな…」と、さらにやらせて『満足度』を高め、落書きをやめさせる方法がある。脳が満足したらやる必要がなくなるメカニズムを利用する。私は臨床場面で、「もっとやってごらん。先生、じっと見ているから」などと《さらにやらせて行為を止める》スキルを使うことが多い。

こうしたスキルでうまくいけば、他の子どもは迷惑と認識することなく、説明も不要となる。要は、他の子どもに説明をしなくても済む授業や学級経営に取り組むことである。

教師が万策尽きるまで努力や工夫をしても、まだ他の子どもとトラブルが起きる場合は、どうするのか？　私は《ＡＤＨＤ》や《障害》という言葉は使わないほうがいいと考える。ＡＤＨＤが障害か特性かは意見が分かれるところであり、子どもたちがＡＤＨＤという診断名を理解できるとは思えないからだ。さらに、当のＡＤＨＤ児本人の自己肯定感が低下する恐れがある。かつて、Ｋ市でＡＤＨＤと告知された子どもが、母親に迷惑をかけると、自ら命を絶った例もある。ＰＤＤでもＬＤでも同じことである。告知は慎重であったほうがいい。

インクルージョンとは、発達障害児だけではなくクラスのすべての子どもにニーズ（発達課題）があるという考え方である。「みんなそれぞれ違うところがあり、それがみんなを特別にしていいます。お互いに特別を尊重しましょう」「先生は、みんなが困っていることを言ってきたら解決してあげます」「先生は、みんなの困っていることは見つけたら解決してあげます」と子どもたちに話してあげたい。それに、マイナスを見つけるより、いいところをたくさん指摘してあげたい。《いいとこ見つけ》のソーシャルトレーニングも効果的だ。もちろん、苦手なところは、克服できるようなサポートが不可欠であるし、周りの子に不満が出ないような授業や学級づくりを工夫することである。

親は教師を頼りにしている

親は子どもにとってやさしい環境ではなくなったのか

8歳ごろまでにケアーされなかった子どもは、小学校5年生ごろから問題行動が出現しやすい。脳の神経回路が急激に減少し、『自己抑制能力』に余裕がなくなるからだ。不登校、万引き、深夜徘徊、家出、動物虐待、反抗、攻撃、リストカットなど、年々増え続けている。困り果てて親が相談にやって来る。10歳を過ぎると、脳はさらに余裕をなくし対応効果は薄れやすくなっていく。もちろん10歳を過ぎても脳は変わる。要は、それ以前にも増して、子どものプライドを立てるスキルの使い方がカギである。

人は皆、脳の使い方に歴史を持つ。その期間が長ければ長いほど、脳は変わりにくくなる。子どもだって、10歳になれば、シナプス発生数は大人と同じぐらいに減少するので、脳は柔軟性を失い回復力は弱まる。子どもの脳を上手に育てきれなかった親にも、彼ら彼女らなりの歴史があり、子どもよりさらに変わりにくくなっている。でも、親だって意識の持ち方と努力で変わるし、何よりも、親を変えてくれる素敵な教師との出会いを望んでいる。

脳は、脳幹（食、睡眠、性の欲望がある）を支柱とし、①扁桃体（好き—嫌いを決める）⇓②前頭葉（やる気、集中力、我慢、対人関係などを担当する）の順に育つ。脳幹は前述の欲望を満たし続けてあげたい。一生涯続く。扁桃体は、やさしく「見つめる」「ほほ笑む」「話しかける」「触れる」「ほめる」ことにより人を好きにさせて育てる。扁桃体の育ちは8歳ごろまでがほぼ限界のようである。それ以降は特殊なスキルが必要であるが、別の機会に公表したい。3～8歳ごろまでに、やさしく、楽しくかかわってもらえなかった子どもは、不安と寂しさで、脳は防衛反応を起こし、チック、指吸い、ファンタジー（自分の世界に入る）、独り言、偏食などの症状を引き起こしやすい。この状態を改善せず放置すれば、10歳も過ぎるころには親がコントロールできない状態に陥る可能性も高い。

親は子どもにとってやさしい環境ではなくなってきたのか？　児童虐待の増加の中に見られる潔癖、厳格、無責任、無関心がその典型かもしれない。近年、加速度的にその病理が進行しているように思われる。

増える抑制のきかない親

まずはこのような例を。

親「うちの子は発表会の主役に選ばれていない！なぜですか？」
教師「子どもたちが決めたのですよ！」
親「子どもたちが…?!　なぜ先生が決めないんですか？　それが教育でしょう！

うちの娘は芸能界に入れるぐらい器量がいいんですよ！」

次の例である。

親　「クラスメイトとけんかしたのは、相手のせいだ。明日から別のクラスにしろ！」

教師「おとうさん、それは無理ですよ。お宅のお子さんも悪いところがあるのですよ！」

親　「うちの子が悪い?!　けんかの場面をちゃんと見ていたのか？　先生」

教師「いや、見ていませんが、相手の子どもが言っていました」

親　「その子を信じるんだな！　見てもいないくせに」

教師「（夜中に電話してきたので）夜は迷惑ですので、明日話し合いに応じます」

親　「教育は24時間体制ですよ！　今すぐどうするのか答えてください！」

教師「私にも生活がありますから」

親　「先生の生活と教育とどっちが大切なんですか！　認識が低いですよ、先生」

最近、こうした理不尽な要求をしてくる親が増えている。もともと、教師は親の要求を無視することはできない。《家庭と学校の連携》などといったスローガンを持ち出すまでもなく、家庭と学校は切っても切り離せない関係にあるからだ。

ところがこれらのような要求をされると、対応の仕方をトレーニングされていない教師はストレスの蓄積につながったり、うつ状態になったり、最悪は親とけんかしてトラブルが発生し収拾がつかなくなることもある。《学校》対《親》の闘いの構図はぜひ避けなければならない。

他の例である。集合写真の真ん中に自分の子が写っていないと、「何で写っていないんだ」。石ころを拾って投げ窓ガラスを割った。先生が家に電話をすると、「そこに石ころがあったから悪いんだ」。運動会のリレーの選手になれなかったら、「測定の仕方がおかしい」。給食費を払わないので「なぜ、払わないんですか?」と聞くと、「まずい給食には払えない」などなど。夜中でも思いついたらすぐに電話をしてくる。すぐに、怒鳴り込んでくる。お酒が入っている親だとさらに言動が興奮状態で衝動的になっている。

このような親が、いつでもどこでもこうした状態になるかといえばそうではない。頑強そうなプロレスラーの前や神聖な教会内ではまず起こさない。意識的に抑制をかけることもできるのだ。こう考えれば、モンスター症状の親は、善悪はわかっているけれども、自分の思い通りにならないときにキレたり屁理屈を言ったりして《勝たなくてはならない人》だということがわかる。つまり、『抑制がきかない脳』ということと関係している。

モンスター症状には意味がある

日本で、1969年と10年後の1979年に、脳の抑制を調べる調査（GO／NOGO課題を使用）が行われた。GO／NOGO課題とは、「赤いランプ時はゴム球を握りなさい、黄色いランプの時はゴム球を握ってはいけません」という簡単な実験で、『脳の抑制』を見ることができる。その結果、驚くことにその10年間で抑制を担当する前頭葉が退化をしていた。抑制のきかない人たちがたくさん出てくるような時代を迎えてしまったということがわかった。1997年にも同じ調査が行われ、その傾向は上昇傾向を示していたという（寺沢宏次氏）。

抑制がきかない、言い換えると《我慢ができない》《待つことができない》脳の出現である。善いこと—悪いことはわかっていても気が向かなければ従わないのである。あるいは意識（ワーキングメモリが担当）が介在せず従えないのである。1970年代以降の人たちの前頭葉が退化してきていると考えられる。

我慢ができないないということは、ブレーキが働かないということである。ブレーキは前頭葉が担当している。クルマでいえばブレーキがあるということは、当然アクセルもある。アクセルは扁桃体というところが担当している。ブレーキが掛かるとは、《抑制がきく》《善悪に従える》《社会のルールを守ったり約束を守ったりできる》ということである。

扁桃体はアクセル。つまり、扁桃体は爬虫類脳とも呼ばれるぐらい《わがままな脳》である。自分のために生きる、自分の都合のいいように行動していく。そしてここは《好き—嫌い》という人間関係の感情的な判断を担当している。

好き—嫌いを社会の常識に沿って上手に判断できたらいいが、対人関係が苦手なモンスター症状の親は、いったん嫌いを感じてしまったら抑えがきかなくなって、《闘う親》に変身してしまう。

「この先生が嫌い」と脳が判断したら、攻撃態勢が整う。抑えはきかないので、一般的には「ちょっとしたこと」が「ちょっとしたこと」にならず衝動的に闘いを挑んでくる。

例えば、子どもの連絡帳に子どもの失敗だとかトラブルだとか書くと、それを見たこうした脳タイプの親はすぐ反応してくる。嫌い（敵だ）、即攻撃開始というふうに反応してくる。こういう人たちの脳は、アスペルガー症候群の脳にそっくりだといえる。

アスペルガー症候群の子どもはモンスターチルドレンと呼ばれたりするが、モンスター症状の親もよく似た行動をするのである。自分の都合のいいように動く、言い換えれば、自分の思いや行動を妨害されると、それに対して不安や恐怖の感情が起きるので、『防衛反応』として『攻撃』を仕掛けてくる。防衛反応は、攻撃、反抗、へ理屈、しつこさになって現れる。それが理不尽な行動につながっていく。

したがって、モンスター症状の親には、まずは《善い—悪い》の価値観で対応してはいけない。なぜなら、彼らは《善い—悪い》はわかっているけど従えないからである。あるいは、ワーキングメモリ不足で衝動的になるからである。教師に善悪で判断された《キゼンとした態度》を取られると、さらに激しく闘いを挑んでくる傾向がある。学校側が対応していく際に、《善い―悪い》を前面に出すと、アスペルガー症候群の子どもと一緒で、それに反応して攻撃や反抗してくる可能性が高いということである。逆の対応が望まれる。たくさん《声》を聞いてあげることである。親も『満足度』が欲しいのである。

モンスター症状は心の防衛

もちろん、善―悪がない、つまり《言って（して）いいこと》《いけないこと》の境目がなく、《何でもあり》といった現代の風潮の影響を受けている親もいるのは確かだろう。このような人たちは行動の価値基準があいまいなので、『社会』の視点ではなく『個人の快楽』の視点で要求してくる。社会化されていない人たちとも言えるだろう。いわゆるソーシャルスキル（社会的技能）が欠如した親たちである。ルール、常識、マナー、約束といった社会を維持する規範に疎いので、それをモデルとした子どもたちも扱いにくいのが特徴的だ。

しかし、増えているのは『支配欲』の強い人たちのように思える。支配する必要がない状況では脳の『抑制』はきく。とても穏やかである。彼ら彼女らは、善―悪の価値基準は持っているが、自分の気持ちや行動を妨害する教師は敵で、支配するために教師の傷つくようなことをズバリ言ってくる。容赦はない。勝つためにはへ理屈も暴言も何のそのだ。

こうした親の行動を否定・非難してはいけない。親の行動にも意味（訳）があるからだ。換言すれば、自分の心を防衛していることが多いからだ。「非常識だ」「理不尽だ」と否定すれば、親は引き下がることはなく、勝ち負けにこだわりプライドを立てようとしてくる。親も教師も、どちらも引き下がらなければ、大きな対立（闘い）に発展する。

まず教師は「こんにちは」「よろしくお願いします」「お忙しいのにおいでいただきありがとうございます」「お子様は学校で楽しく過ごされています」などと、相手を立てたり敬ったりすることが不可欠である。やさしく「見つめて」「にっこりほほ笑んで」言う。最初から「この前の○○君とのけんかのことですが…」「学校は息子さんのことで困っているんですよ」などとは言わない。懇談の途中でも、何かと親に言い返し「児童相談所へ行ってください」「病院に行って薬をもらってください」などの強い指示をすることは厳禁だ。

特に、薬に関しては教師の権限を超える。なぜなら、長期にわたって飲む薬の副作用に教師は責任を持つ立場ではないからだ。薬を飲む・飲まないは、医師の『インフォームドコンセント』（説明と同意）に基づき、子どもと親が最終的に決めることである。

親（特に母親）に対しては感情的な共感も不可欠だ。感情的共感とは、言葉では説明しにくい『波動』のような心のふれあいである。論理的説明ではない。「うなずく」「母親と同じ表情を作る」「見つめ・ほほ笑む」などである。まずは、気分をスッキリさせてあげたい。「そうですか」「そうですよね」など『そ』の付く応答言葉や「がんばってこられましたね」「（家庭でしている努力に対して）いいことですね」などと返す。親の使った言葉を一部引用しながら返答するのもいい。例えば、「なかなかうまくいかなくて」と話してきたら「うまくいかないのですか」と応答するなどである。

先ほどの「石ころ」の例であれば、このように対応すればよい。

親　「石ころが落ちているから、うちの子はひろって（○○君に）投げたのですよ」

教師「そうですね。石ころが落ちていたから投げたのですよね」
親「石ころなんか置かないようにしてください」
教師「そうですね。置かなければよかったですね」（にっこりほほ笑む）

こういう会話をしているうちに親は落ち着いてくる。親は、自分が理不尽なことを言っているのは先刻承知なのだ。

論理で話を詰めてくる親（特に父親）に対しては、論理的・科学的に話をしたらいい。因果関係や科学的根拠のない説明がないと納得がいかない親もいるからだ。脳科学の観点から、起きた現象を説明することも効果的だ。その際、改善の見通しを立て、希望を持たせることが不可欠である。「脳の前頭葉が活発になれば、落ち着くことが知られています。活発に動かすためには《運動》を取り入れるといいようです。とりあえず2週間、授業に運動を組み込んでみます。がんばりますね」などである。

いずれにしても、親に対して教師は《敵ではない》と思わせたい。言葉を換えれば、子どもを成長させる（幸せにする）《仲間である》という立場を強調することである。さらに、親（特に母親）の味方（仲間）でもあってほしい。母親は、精神的に余裕をなくしていることが多いからだ。ちなみに、癒し系物質であるセロトニンは、女性脳は男性脳の半分程度の速さでしか作られない。

「一緒にがんばりましょう。私も精一杯やらせていただきます」「私が、息子さんを守りますよ」などがいい。

よほどの理由がなければ、教師は表情をやわらかくし、笑顔で接しよう。目元や口元を大きく動かすと表情は豊かになり好印象になる。親との面接は、好印象からだ。俗っぽい言い方だが、『いい男』『いい女』と感じてもらえれば、親の言動もやさしくなり、聞く耳を持つものだ。ただし、教師は笑ったりニヤニヤしたりしてはいけない。親は《バカにされた》と思い、キレることもあるからだ。

《子ども対応》と《親対応》を負の連鎖にしない

子どもをほめることも忘れないようにしたい。ほめられた子どもは、そのことを親に伝え、親もうれしくなり子どもに対する言動はやさしくなる。それが、教師や学校に対する良い反応にもなる。また、連絡帳や親への電話であるが、学校で起きたことをただ純粋に書いたり言ったりするのは慎重であってほしい。親が不愉快に感じると、理不尽な言動につながることもある。つまり、親が防衛線を張り始めるからだ。

既述のように、ADHD児やPDD児など、特別支援教育の新たな対象となった子どもたちは、脳科学の知見を活用した授業スキル及び学級経営スキルを身に付ければ、とても扱いやすい子どもたちなのである。スキルがなければ、扱いにくいので、怒鳴ったり、嫌味を言ったり、無視したりしがちになる。そうすれば、子どもたちは反抗・攻撃、抑制・逃避の世界に入り込む。

これでは、《スキルのない対応をする》⇓《子どもに不満が残り不適応行動をとる》⇓《親が反応してモンスター症状を出す》⇓《教師や学校が対応に迫られる》⇓《また、スキルのない対応をする》という負の連鎖に陥ってしまう。こうした親をつくり出しているのは、スキルの修行をしない教師である可能性もあるのだ。

保護者との対話スキル

親を否定・非難しない

発達障害は脳の機能障害である。児童虐待の結果あるいは脳をあまり使わない環境にいた結果、発達障害によく似た症状が出る場合もあるが、基本的には、親の養育が原因となるわけではない。もちろん、原因にはならなくても、養育の仕方で症状を軽減させることは可能である。

発達障害症状の原因を親に求めてはいけないし、例え、子育て環境の劣悪さが関係していると推測できても、そこを問題にし始めると、親との関係は最初から破綻してしまう。過去を取り戻すには、過去の否定から入るのではなく、これから『できること』を考えていくことが建設的であり希望が持てる。大事なことは、親のせいにしないことである。多くの親は教育や子育てのプロではない。当たり前であるが、責任追及しても何らメリットはない。むしろマイナスだらけであろう。

ほとんどの親は、自分の子育てを否定・非難されたくはないと思っている。また、発達障害は少なくない割合で遺伝することも知っている親も稀ではない。子どもの状態が、《自分の子どものころとよく似ている》あるいは《身内のだれかとよく似ている》と述懐する親も多い。子どものころに発達障害症状があっても、立派な社会人になっている人は驚くほど多いものである。

親が教師を《信頼する》ことはとても大事だ。そのためには、《仲間》《味方》《理解者》であることをどれだけアピールできるかにかかっている。逆に言えば《敵》と感じさせてしまうとうまくいかない。したがって、否定、言い返し、挑戦的な言い方は絶対してはいけない。

なお、親がしつこく理不尽なことを言ってきたら、さらに聞いてあげればいい。「他にもありませんか。どうぞ」とあえて言ってみる。話せば、カタルシス（心の浄化）が起こり、ストレス度は低下する。『満足度』が高まったら、それ以上は攻撃をしないという脳のメカニズムを活用したい。

しつこく攻撃してくるのは、まだまだ満足度が低下しているからである。親の《声》をたくさん聞いてあげよう。もし時間の余裕がなければ、「あと5分で会議が始まりますので、すみません。3分まではなんとかなります」「またお話ししましょうね」「また、ぜひ来てくださいね」と満足度を上げて打ち切りにしよう。親はそれを不満足には思わないはずである。たくさん受容・肯定され、希望を持った親は《またのチャンスを楽しみにできる》はずである。

親のプライドを立てる

親の《プライドを立てる》ことは不可欠である。「～していただければ嬉しいです」

「～していただけるようお願いします」などである。お願いをされると心は穏やかになりやすい。「お手数ですが、児童相談所に行っていただけると嬉しいです」とお願いをしたら親は嫌な気持ちになりにくいものである。お願い効果のことを正式には『ピグマリオン効果』という。

《選択肢を出す》のもプライドを立てる。これは、指示・命令を極力しないということにつながる。例えば、ストレートに「児童相談所に行ってください」なんて言うと、「何でいかないといけないんだよ」と反論してくる可能性がある。では、どう言えばいいか？「どうされますか」「どのようにお考えですか」などと言う。指示とか命令は選択肢が1つなので、支配されたと感じてしまうわけである。

次は、「こんな方法がありますよ」と言う。「例えば…」「いろいろ考えられますが…」などと付け足し、限定しないようにするのがいい。「例えば、児童相談所とか、小児科とか、そういうのに行ってらっしゃる方も多いようですが…」。このように、《とか》と付けて、その場の空気を逃がしてやるのも効果的である。

もし、「行くことは考えていません」と言われても「行ったほうがいいですよ。診断を受けたほうがいいですよ」としつこく言わずに、「そうですか」「そうですよね、わかります」と笑顔で引きさがる。『そ』が付く言葉を使っておだやかに応答する。これは教師が負けているわけではない。戦略を立て直す再出発なのである。困ったら少し休憩しよう。

親のプライドを立てるのは当然であるが、教師もプライドを持っていたい。それは、《授業のうまい教師》《クラス全員の成績を上げる教師》《子どもに好かれる教師》《保護者に慕われる教師》であることだ。頭髪や服装は清潔で、カッコよく笑顔のステキな教師でありたい。見た目に反応する親も多い。

発達障害は《特性》という考え方

すでに述べたように、ある種の発達障害が人生の成功を導き出すことも多い。歴史的にも、モーツァルト、エジソン、アインシュタイン、ケネディ、坂本竜馬など歴史をつくった人物が発達障害であったと言われている。親と話をする際、発達障害を《特性》として見る世界観は不可欠である。特に、《みんなと一緒》に価値をおき過ぎる教師は、こうした発達障害の症状を認めないことが多い。《違っていい》という価値観が人を育てる場合も多いのである。

有名なナディアケースを紹介しておこう。自閉性障害のナディアちゃんは、5歳当時IQ50程度だったが、ピカソの再来と言われるほど絵画能力があった（いわゆる『サヴァン症候群』だった）。彼女は、今でいう特別支援学校に入学し、算数や国語の勉強をさせられた。つまり、《みんなと一緒》のことをさせられたのである。その結果、ナディアちゃんの絵画能力はなくなった、という話である。脳は何でもやらせると、特異な才能が消えていく可能性もあるということである。

教師は、それぞれの『個』が大切であることを知っているはずである。特に発達障害児にある種の才能がある場合、それを活かすことがその子どもの人生に有利な場合もあることを理解しておきたい。

因果関係を明確にする

結果には必ず原因がある。言い換えると、子どもや親の行動には必ず理由や動機がある。教師が理由や動機を考えていくことで、親を納得させやすくなる。納得させれば、親との認識を一致させることができるようになり、解決に向かうことが多い。もちろん、親に「どう思われますか？」とインタヴューすることは情報収集には有効であるし、親が話したことは親も認めたことになる。教師が推測で思ったことではなく、親が話をした内容が《事実》であり《情報》である。この情報（事実）を活用していけば、親とのトラブルは発生しにくくなる。事実は確かに親と教師が共有するデータになる

学校には連絡帳（連絡ノート）がある。学校と家庭を結ぶ《連絡便》だ。今、事実の大切さを話題にしているが、この連絡帳に学校で起きた事実をただ純粋に書けばいいとは限らない。親が自ら話した事実とは異なる情報だからだ。例えば、子どもが学校で起こした内容（一般にいう「悪いこと」）を正直に書いてしまえば、親はショッ

クを受ける場合もあり、子どもが家庭で責め過ぎられたり、場合によっては虐待の材料にされたりしかねない。子どもの発達を考えれば、そのほうがマイナスである。子どもの行動の何をどのように伝えるのか、あるいは伝える必要がないのか、判断するのも教師の能力である。少なくとも、親が不安になるような書き方はやめたい。

分析すれば何をすべきか見えてくる

状況の分析はなぜ必要なのか？　端的に言えば、《変えやすいところ》《変えやすい人》を見つけるためである。状況を《つないで見る》のではなく、状況を《切って見る》と言い換えてもいい。

分析をしない教師は、状況を丸ごと捉えてしまいやすい。丸ごと捉えれば共感（受容）はできても、どこから解決すればいいのか見えてこない。分析の苦手な教師は、まず、情報（事実）をノートに書き出してみることである。次に、同じような情報をまとめ、3つぐらいにまとめる。これで状況は3つの要素に分けられたことになる。

最後は、解決しやすそうな1つを選び、実践に移すことになる。

分析した内容は、もちろん親に還元する必要がある。教師だけでなく親も何をすべきかが見えてくる。親と教師の連携は、こうした解決しやすい内容を共有することで効果的になる。

見通しがあれば希望が持てる

私たちの脳は《快》を感じる方向に行動する。つらい体験をしたとしても、《つらい思い》をすること自体、つらくならないようにする『脳の防衛』である。嫌な夢を見るのも心が回復しようとするサインである。自分の生きるシナリオを書き変えているのである。つらくても苦しくても、ほとんどの場合、脳が防衛し、いつかは解決に向かう。

そうなのだが、発達障害児を持つ親（特に母親）の多くはやむことなくつらい思いをしている。例えば、夫からは「おまえの子育てが悪い」、姑からは「あなたのしつけが悪い」などと責められる。保育園・幼稚園・学校の先生からは、「今日は○○をした、△△をした」と嫌な報告を聞かされる。そんな親（特に母親）は多いのである。こうした《過去と現在》の嫌な話を聞かされ続けても、希望は何も持てない。『連続的フラストレーション』が発生する。教師だけでも、子どもが改善する見通しに触れ、親に希望をもたらしてほしい。

具体的には数字を入れた話がいい。「2週間ぐらい、一緒にがんばってみませんか」「3か月ぐらいで改善した子どもがいたそうです。クラスでもやってみますね」などは希望をもたらすであろう。その希望は、親の満足感や安心感につながり、発達障害の改善にも良い影響をもたらすのである。

NG対応で子どもは追いつめられる

教師の否定的表現はNG

NGとは文字通りNO GOODの略だ。簡単に言えば《していけないこと》ということになる。学校や家庭で子どもにしてはいけないのは『脳の不安作動神経』を増強させることである。この神経を増強させれば、これからの人生が悲観的思考（マイナス思考）になったり、二次的問題（ウツなど）の出現で苦しんだりするようになる。それこそ最大のＮＧ対応である。教師自身のＮＧ対応は言うまでもなく、親のＮＧ対応をできるだけ少なくしていくよう導かなければならない。

「～しない」など、項目は否定的表現で紹介するが、実際には「～していただければ」と肯定的表現でアドバイスすることになる。否定語のまま活用することはＮＧである。

なお、伝える場合には、優先順位を決め、まず１～２個程度にすれば実行しやすく、あくまでも親の性格や家庭状況に配慮し、無理がない程度のレベルにしたい。それに、「なぜ～したほうがいいのか」という根拠は伝えたほうが取り組んでもらいやすい。

ここでは、８歳ごろまでの話を多く紹介するが、その理由は、この時期までのＮＧ対応後遺症が、その後の発達段階まで尾を引いていることが少なくないからである。つまり、年齢を重ねてはいても、心（脳）の傷は癒されていない。一度、幼児期に戻りＧＯＯＤな対応をしてあげてほしい。

セロトニン5《ファイブ》を使わない

やさしくかまったりお世話したりしないと、子どもの不快・不安な気持ちは、脳の『不安系神経ネットワーク』に情報として流れ、楽しく幸せに生きる『報酬系ネットワーク』が細ってしまう。そのため、その後の人生は《悲観的思考》《ウツ的行動》をしやすくなり対人関係がうまくいかない。特に母子関係の絆が成立しない『反応性愛着障害』の顕著な例である。つまり『人見知り』がないことである。人見知りとは、生後6~10か月ごろに起こる（真ん中の時期が多いので『8ヵ月不安』と呼ばれることも多い）が、母親を愛着の対象と認識し他の大人を拒絶する現象である。なくてはならない現象である。

愛着の対象は、場合によっては（父子家庭など）、父親や祖父母であることもあるが、一般的には若い母親に向かう。愛着行動は、子どもから起こすのではなく、母親が子どもに対し「見つめ」「ほほ笑み」「話しかけ」「ほめて」「触れる」ことを繰り返し行うので、子どもの脳が快感になり成立する。ちなみに、この時期は扁桃体という喜怒哀楽を感じる脳を盛んに使っていて、前頭葉を使うことはない。要するに、前頭葉が働きだす3～5歳ごろまでは、善悪を教えるしつけはほどほどにして、人を好きになる脳を育ててほしいということである。

これら5つのスキルを使わなければ、以下のようなことが起こりやすくなる。ちなみに、反応性愛着障害の子どもは、保育園（幼稚園）や小中学校で愛着の対象を見つけようとする。その際、特定のクラスメイトが愛着の対象に選ばれれば、その子どもは重いものを背負わされてしまう。これは避けたい。親に望むことができなければ愛着の対象は担任教師であってほしい。

①見つめない

視線恐怖が起こりやすいし、逆に見つめてもらうためにポーズをとったり、おどけて（ふざけて）人を笑わせようとしたりすることもある。

②ほほ笑まない

笑みが作れなくなり、その結果、顔の表情が曇ったように《暗く》なる。

③話かけない

人の前で話をしない緘黙《かんもく》になりやすいし、主な対人的技能は《話す》ことなので集団に入れなくなったりする。

④ほめない

他人をほめられなくなったり、認められなくなったりしやすい。他人を批判的に見る可能性が高まる。

⑤触らない

やたら他人を触るようになる。抱きつき行為も起こるが、他児を押したり、たたいたり、ちょっかいを出したりして触ることも多い。

セルフエスティームを傷つける

セルフエスティームとは自尊心のことである。プライドと言い換えてもいい。セルフエスティームを傷つけると、自信を失い《強い反抗》《強い攻撃》《威嚇行為》が起こりやすくなる。

①「できないこと」をやらせようとする

子どもの発達状態からみて、無理なことを達成させようとするのは危険である。心は追いつめられる。例えば、三角形を描けるのは5歳3か月ごろ以降、右左がわかるのは4歳6か月ごろ以降であるのに、それよりはるか以前にできるよう要求したり、3歳児に向かって「雨のイメージを言いなさい」などと要求したりすることである。

もちろん、多くの親は子育ての専門家ではないので、子どもの達成レベルがわかりにくいだろう。その場合は、2回要求して、子どもがやれないようであれば、《しばらく時間をおく》か《要求水準を下げる》という方法をとればいい。

②子どもの意見を聞かない

子どもは、大人とまともに意見交換できないかもしれないが、家庭では、家族の一員としての（心の）居場所を確保してあげて（意見を聞いてあげて）ほしい。例えば、新築の際、「どんなおうちがいい」とか「夕食は何がいい」とか「（旅行する際）どんなところへ行きたい」などである。子どもの《声》を聞くことは居場所づくりにつながる。親を信頼し安心感を得るだろう。もちろん、クラスでも意見は聞いてほしい。クラスは家庭の延長である。

可能な限り、《告知・予告し承認を取って》ほしい。特に変化があると不安になりやすい広汎性発達障害の子どもには必須である。ただし「5時ごろに帰るね」「遅くなりそうだったら電話するかも」「夕食はハンバーグにするかも」と多少曖昧に予告したほうがよい。「5時に帰るね」「必ず電話する」「ハンバーグにする」など明確に言い切ってしまうと、そうならなかった際、親が言ったことにこだわって、キレたり荒れたりすることにもなりかねない。

③兄弟姉妹間で差別をする

下の子が自分に似て可愛いので上の子は遠ざけるとか、亀裂の入った夫（妻）にしぐさが似ているので嫌うなどが理由になりやすい。無垢な子どもたちは、自分を一番に愛し欲しいと思っている。せめて、平等にしてほしがる。愛されていないと感じた子どもは繰り返し「私のこと好き」と確認してきたり、親にとっては嫌なことをあえてして困らせたり、可愛がられている子どもに攻撃を仕掛けたりすることは珍しくない。

定番だが、3～4歳のころ、下に赤ちゃんが生まれれば、どうしても、ママとパパと赤ちゃんが仲良くしているように見えてしまいがちである。こうした状況では、「赤ちゃんをなでなでしてごらん」「赤ちゃんが喜んでいるよ。ママはやさしい○○ちゃんが大好き」などと輪の中に入れてあげればいい。「あなたはお兄ちゃんだから、あっちで遊んでいなさい」などと孤立させるような言動はまさにNGである。

④特定の役割を与える

お兄ちゃんやお姉ちゃんの役割を押し付けたりするのは一般的に見られるが、兄として姉としての良い面を評価する以外は少なめにしたほうがいい。多くの場合、ただ「下の子よりしっかりしろ」と言われているように子どもは取るからである。しかし、「(下の子と遊んであげている時)お兄ちゃんになったね」とプライドを立てるのはGOODである。『満足度』は高まるからである。

最もいけないのは、下の子どもの世話係(母親役)を押し付けることである。自分が世話してほしい時期なのに、「世話しろ」とは、親が親役を拒否しているに過ぎない。今日では、こうした扱いは児童虐待に属する。

ちなみに、2008年、次のようなことが起きた。4人の子どもの母は育児の疲れもあり、また「女でいたい」と、彼と借りたマンションに住むことを願う。「ママはもう戻らない。後はよろしく。妹と弟の面倒見てね。おなかがすいたら電話をかけて」と言い残し子どもを置き去りにした。6歳だった長男が何度も「弟や妹が泣いている」と電話したが、母親はせいぜい一日1〜2回、ハンバーガーやパンなどを長男に渡すだけだった。2歳の子どもが餓死した時、死を目の前にした母親は「お前はクビだ」と長男を平手でたたいたという。捨てられたのに、たたかれたのに、長男はそれでも母親をかばったという。極端な話かもしれないが、いろいろ考えさせられる。

⑤教えないで叱る

教育も子育ても、基本的には《教える》ことから始まる。もちろん、教え方には《自発性・能動性》を促すやり方（『啓発主義』という）もあれば、《受動的に》取り組ませるやり方（『注入主義』という）もある。いずれにしても、親は教え導こうとしているのだ。そこには、子どもにこうなってほしいという目標なり理想なりが存在する。

ところが、教え導かないで、期待することができなかったら叱責する親もいる。これでは子どもはいたたまれない。まずは教えること、真似させることが最初にあり、その次に、ほめる、励ますことがあったほうがいい。

⑥皮肉や嫌味を言う

《弱点を突いたり》《意地悪なことを言ったり》《不快にさせることを言ったり》すれば、子どもは卑屈になりやすいし、その後の人生でも、自分がつくった家族のメンバーに皮肉や嫌味を言うようになる可能性が高い。こうした親の言動は、満足度の低さからくる。どこかで断ち切らなければ、末代まで続くかもしれない。

子どもが90点取ってきても、ほめるどころか、「あなた、100点取る力がないのよ」、50点だと「父親に似ているよね、まったく、遺伝かしら」、ゲームばかりしていると「またゲーム!? あんたはゲーム大学に入ったら」…。こういうことを思いつくしかない親は、子どもの心ではなく自分の心を満たしているのだ。

言葉の貯金箱に《ほめる》《認める》言葉があったとしても、とっさに出てくるのは、そうした皮肉（嫌味）言葉である。どうしても言わなくてはすまない。

ちなみに、広汎性発達障害の子どもの中には、皮肉や嫌味を文字どおり取ってしまう場合もあるので慎みたい。例えば、先ほどの例でいうと、「僕は100点取れない子だ」「父親の遺伝のせいだ」「ゲーム大学に行こうとする」などである。

⑦ちょっかいを出す

子どもがブロックなどで遊んでいたら、親が（特に父親が多いが）「パパが上手だからかしてみろ」とか、いきなりあるブロックを取り上げて「これがないとできないだろう」など、ちょっかいを出してくる。こうした親はやはり満足度が低い。『ちょっかい』とは、かまってほしい気持ちの表れである。大人でも、子どもと対等というか同次元にいる人も多い。おそらく成熟を止めているPTSD（心的外傷後ストレス障害）など、心を幼くしていなければならない理由があるものだと考えられる。もちろん、ネオテニー（幼形成熟：子どものまま年を取っていく現象）は一つの文化であるのかもしれないが、親のちょっかいは、子どもの満足度を低下させてしまう。つまり、既述のように脳が育ちにくいということである。

こうしたちょっかいは、ほめるとなくなる。クラスでちょっかいを出す子どもにも同じだが、「取るの、早かったね、ギネスに載るかも…」「取り方、うまいね」などとほめれば、満足度は高まる。ただし、皮肉や嫌味に取られないようにこうしたスキルは1～2回で終えたい。

⑧任せることをしない

子どもは、任せられるとプライドが保てる場合が多い。特に、親の期待する行動に反発・反抗するような場合、「○○ちゃんに任せるよ」といえば、反発・反抗の程度は低下するはずだ。もちろん、子どもは《任せられても》大人の期待どおりに行動できないことは多い。でも、それでいい。子どもは大人ではない。発達状態なりの行動をしてくれるはずだ。それが可愛い。1つでも行動できたら大げさにほめておこう。次の発達状態へ移行していく力になる。こうやって、《いい感じ》の大人にしていくのだ。特に、10～18歳ぐらいの子どもには、「任せるよ」とにっこりほほ笑んで言ってほしい。

反応性愛着障害を引き起こす

①怒る・怒鳴る・たたく

30年前の脳とは違う。子どもの脳はどんどん幼くなっている。既述のように、寺沢宏次氏らのGO／NOGOの継続的な研究からも推測できるし、「ケータイを持ったサル」「考えないヒト」（中公新書）を書いた正高信男氏の研究からも推測できる。幼い脳に対し、《怒る》《怒鳴る》《たたく》という行為は、子どもを萎縮させるか、逆に攻撃的にさせやすい。こんなことをしていると、子どもはいつか報復にやってくる。

２００６年に起きた出来事はまさにこのことを象徴していた。医師である父親は、子どもを医師にしようと、勉強を強制し日常的に暴力を繰り返していた。指折りの進学校の高校生だった時、父親を殺すべく自宅に放火した。結果的に父親は死ななかったが、継母と２人の異母兄弟が死んだ。この出来事は「僕はパパを殺すことに決めた」という本でも話題になったが、大小含めこうした出来事は稀ではない。

子どもは小学生ごろまでは怒り・怒鳴り・たたかれても、体も小さく本格的な報復はできないが、それ以降、少年少女たちは、親が予測もできない行動に駆り立てられることがある。なお、《怒る》と《叱る》は、通常違う意味を持つ。《怒る》は大人側の心を満足させるもの、《叱る》は子どもの成長を願ってなされるものである。

②世話しない・かまってあげない

これらは単にNGというより『児童虐待』である。子どもの神経回路（シナプス数）は生まれたときにたくさんあるのではなく、生まれた環境、つまり母親や父親の言葉や表情、遊具や食べ物などにより8歳ごろまでに急激に作られていく。

この時期に、子どもを世話したりかまったりしてあげないのでは、子どもの神経回路は増えにくいばかりか、《不安》《不快》《嫌悪》の回路に偏っていく。ドーパミン、特にその一種であるオキシトシンというたんぱく質がA10神経（ドーパミン報酬系神経）のシナプスで盛んに流れる親（子どものころ大切にされ、人生を楽しんできた親）は子どもを世話し可愛がるが、逆に流れない親（子どものころ不安や緊張にさらされ、人生を楽しんでこなかった親）は子どもを世話しないし大切にしないことが知られている。

ここに教師はどのように介入したらよいのか？　言葉で「世話してあげてください」「かまってあげてください」と言ってもなかなかやってくれない。言葉よりも、まずは親が子どもに戻ったかのように楽しめる保護者会などが有効である。また、親子がたくさん集まる会などで、上手に子どもとかかわる親モデルを見てもらうのも効果がある。大切にされなかった親は、自分の子どもをどのように大切にしたらよいか具体的なイメージがない場合も多い。

③早く自立させようとする

早く手が離れてほしいと『自立』を急いでしつけが厳しくなる親がいるが、それは、ほとんど親のエゴである。もちろん、『自立』が何を意味するのか、という視点を前提に語らなければならないが、一般的には、《親に依存せず独り立ちすること》とか、《親からの助力を受けずに生活すること》といった意味で使われる。こうした意味での『自立』は小中学生には無縁であることは言を待たない。自立を目標に準備をするのは良いことである。しかし急ぎ過ぎてはいけない。既述のように、脳は《できないことはできない》のである。心を追いつめる。

時代の影響なのか、寿命が長くなったぶん子どもの時代が伸びているという説もある。いずれにしても、子どもの時期がかつてより伸びているのは街角の少年少女たちを見れば納得できるであろう。

もし、親が「早く自立させたい」と言ってきたら、「どんな自立をお望みですか」と聞き、先に述べたような意味での自立であれば、「自立してほしいですよね」と共感しつつ、「発達には段階がありますので、それに合わせた自立は何かを一緒に考えましょうね」「手間暇かけて育てたほうが良い自立になりますよ」「満足度の高い脳を作ってあげると余裕で自立していきますよ」とアドバイスしてほしい。発達に合わせて少しずつ親の助けがなくてもできるようになるという意味でなら、それはＮＧにはならない。

④完全を求め過ぎる

通常の生活をしていれば、人は『完全』など存在しないということを知っていく。それは一人だけで生きているのではなく、他人の行動・気持ちとの調整の上に日々の生活があるからである。例えば、早朝一人だけが自転車に乗って学校に行くのではない。複数の学校が存在するところでは、縦横斜めに自転車を走らせている子どもたちがいる。ところが、アスペルガー症候群の子どもは、得てして、他の自転車のことは考えていない。道路は完全にマイロードでなくてはならない。

これは象徴的な例えであるが、親が完全を子どもに要求すれば、子どもはますます《100％》にこだわるようになり苦しむ可能性がある。あるいは、《家庭の行動様式》と《通常社会の行動様式》との矛盾に苦しみ自信を喪失するかもしれない。完全とは枠を設定した考え方であるが、科学の世界でも未だ知られていない現象が無限大に残されているはずだ。少なくとも、子どもの行動を定式化したり、子どもに完全を求めたりしてはならない。「完全を目指そう!」という《励まし》はまだOKであるが、ほどほどにしたい。

完全を求めるあまり、潔癖症(強迫性行動)に陥れば、子どもは苦しむ。潔癖症の親に対して、「○○君(子どもの名前)は広い社会に興味を持っているようですよ。いろいろな人がいたことを教えていきたいですよね」とアドバイスしてほしい。《いろいろな人》とは、もちろん《完全な人はいなかった》という裏の意味が含まれている。

《靴の脱ぎ方》《靴の揃え方》《使わない照明は必ず消す》《シャンプーとリンスと石鹸の置き場所》《おかずの食べ方の順序》など、ほどほどにしなければ、子どもらしさを失う。それらは限られた小さな世界の話だ。子どもは定式された行動をするロボットではない。子どもは、大人が無駄だと思う経験からも多くのものを学んでいる。

⑤不安に陥らせる

8歳までの子どもに、できるだけ不安を与えないほうがいい。親がある程度一貫した子育てをせず、子どもの同じような行動に対し、(親の気分次第で)怒ったり、無視したり、ほめたりでは、子どもは不安になりやすい。父親が帰宅した気配がすると異様に緊張したり、母親が外出すると途端に不安になったりでは、子どもの脳は不安作動系神経回路が太くなり、おどおどした性格になる可能性は高い。ちょっとした不安は、人生勉強になり精神力を鍛えるが、不安が続けば、いわゆる『うつ状態』のようになったり常に戦闘態勢におかれたりするようになる。

ちなみに不安の強い子どもは、脈拍が小学生で120前後を維持するという報告もある。小学生の通常の脈拍は80～90程度である。ところで興味深いのは、120という数値は乳幼児期の脈拍数である。この時期の子どもたちは、親の愛情を得るために必死であり、ある意味戦闘状態にあるのかもしれない。

⑥叱る時、話が長過ぎる

叱っていけないわけではないが、概ね満足度が低下している親は自分の心を満たすためなのか叱る時間が長い。こうした現象は、保育士や教師にも散見される。叱るならアッサリがいい。子どもは、常識的な叱られ内容ならとっくに理解している。「気持ちはわかるよ」から入り、「こういうことをしない○○ちゃんが、ママは大好き」「○○ちゃんは、（もうしない）賢い子だよね、ママにはわかるよ」などと続け、握手をして終わりにしたい。

理由は聞いてもいいが、聞かなくてもいい。理由を語れない子どももいるからだ。理由を聞こうとするから話がしつこくなる。本人が理由を聞いてほしがっているなら聞いてあげればいい。兄弟げんか（など）で、絶対踏み込んではいけない世界は、《どちらが悪いかを決めようとすること》である。一方が相手しなければけんかは起きない。また、いつどこでけんかの種が蒔かれたのか親にはわかるはずがない。

ある断面を切り取り、「最初にたたいたのが悪い」などと言う資格は親にはない。ちなみに、夫婦げんかを考えてみたらいい。一概にだれが悪いとは決められない。例えば、下世話な例で恐縮だが、浮気したのか、されたのか、どちらにも決める根拠はないだろう。子どもたちのけんかで大切なことは、「仲良くしようね」「ママは《仲良し》が好きなの」「できるよね、だって二人とも賢いもの」というけんか両成敗である。

⑦自由にさせ過ぎる

『自由』は一見素敵な言葉である。自由とは《自らを由《よし》とする》ということであろうから、成熟した大人には良い響きである。ところが、子どもにとって自由は重過ぎる。《由》としたことが、彼らの社会でなかなか通用しないからである。

よく似た言葉に《甘え》がある。親と面談していると、「甘やかし過ぎて…」「甘ったれているんですよ」などと訴えてくる場合がある。私の教育辞典には《甘やかし》という言葉はない。だって、だれかに甘えなければ、子どもも大人も生きることはできないからである。親のそういう話を聞いた時は、「いいじゃないですか、甘えているのは親とかかわりを保つためですよ」「甘えるのには意味があるのですよ」と言うようにしている。

自由にさせるとは《勝手にさせる》というニュアンスが強いのに対し、甘やかすというのは《子どもとかかわっている》というニュアンスが強い。私は自信を持って言うが、甘え上手の子どもは問題を起こさない。それは、繰り返すが、親とつながっているからだ。むしろ、甘えきれない子どもが心配だ。親が信じられず、かかわりを絶ってしまっている可能性もあるからだ。

子どもを《社会的存在》と見ない

①社会は『共存脳』であるとの認識がない

一人が好きだという子どもも、結局は社会の中で生きざるを得ない。脳の前頭葉は、社会の中で共に生きるために発達してきたといえる。それゆえ『共存脳』と呼ばれる。脳Aと脳Bは通信をし合って最終的にはお互いの妥協点をさぐる。それは、共に生き延びる脳の（あるいは脳を作った遺伝子の）戦略なのである。

ところが、自由気ままに生きる大人たちの中には共存脳をあまり発達させきれなかった人もいる。対人的交流をあまりしないそうした人たちは、子どもの対人的技能を高めようとする際のモデルにならない可能性が高い。もちろん、一人で過ごす気楽さを知っている子どもたちもいる。特に広汎性発達障害の子どもにはそういう傾向が見られる。

しかし、彼らも、対人的交流を望んでいないわけではない。その技術を学習するチャンスがなかっただけなのだ。そこで、教師はソーシャルスキルトレーニング（S

ST）を行うことになる。いわゆるクラス（集団）づくりである。詳細は、『発達障害児の授業スキル』（麗澤大学出版会）に書いたが、親にもぜひSSTの大切さを伝え、可能な範囲で社会的（生活）体験をさせてあげるようにお願いしてほしい。

親子一緒の体験がいい。8歳ぐらいまでなら《手をつないで歩く》《近所に回覧板を持って行く》《親の知人と鍋をつつく》《子どもの友だちを招待してお誕生会を開く》《知人・親戚などの家に遊びに行く》などがSSTになる。

②本を読まない

本を読む・読まないは親の勝手であるとはいえ、子どもへの影響力には差が出る。一般に本を読まない親は書店へはあまり行かないし、家にも本がない。書店へよく行く親は子どもを連れて行くことも多いし、家にも本がある。子どもは、本を読んでいる親を見ればおのずと真似をする。テレビを見たりテレビゲームをしたりもするだろうが、活字を追う快感を知る。ワーキングメモリトレーニングのところでも述べたが、理想は、書かれた文字を《読み》、さらに《書く》力だ。『ループ脳』や『イメージ脳』だけでなく『メモ脳』を育ててあげるには、まずは親がモデルになることである。

親が本を読まず、子どもに本を読めと要求しても、読む習慣は成立しにくい。そこで、学校では、朝の会などで読書を行う。とてもいいことだ。だが、家庭でも本を読む親の姿を見せたい。

本といっても、多くの父親はビジネスものや歴史ものあるいは科学ものを好むかもしれないし、多くの母親は子育てものや恋愛ものあるいは感動ものを好むかもしれない。脳の男女差から、よほど環境が変わらなければ、一般にそうした傾向はあると考えられる。それはそれでいい。要は、父親と母親が読んだ本が、『家庭図書館』に置かれていることである。子どもたちは、小さいながらも家庭図書館を見ながら成長することになる。

学校でも、保護者会などで読書会を開いてほしい。楽しい国語の授業を見せてあげてほしい。本を読まない親が《本の面白さ》に気づくであろう。

アスペルガー症候群の子どもは読書を好きになる場合が多い。本はモノなので、書かれた情報は変化せず、また視覚情報なので理解しやすい。本を読む習慣ができれば、一人でいてもそれほど苦痛ではない。

③「ありがとう」「ごめんなさい」が言えない

支配欲が強くなれば、「ありがとう」「ごめんなさい」とはあまり言わなくなる。だが、これら2つは社会を生きる貴重な言葉だ。極端であるが、これら2つだけでも対人関係は成立する。親が使わなければ、子どもはだんだん使わなくなる。いつも、親は子どものモデルである。自然に言葉が出なければ、スキル（技能）として意図的に使えばいい。学校でも、ソーシャルスキルトレーニングなどに積極的に取り入れてほしい。対人関係の基本中の基本だからである。

④子どもに手伝わせない

8歳までの子どもは特に『お手伝い』を好む。お願いすれば無償でやってくれる。学校でも集団活動は苦手だが、教師のお手伝いをする役割には積極的に参加する子どもは多い。『スキリスト』である教師はこのことをよく知っている。家庭で、「子どもと遊ぶ時間がなかなか取れなくて」と述懐する親は稀ではない。カードやブロックやゲームで遊ばなくても、お手伝いをさせることで、子どもとかかわることはでき子どもの満足度は上がる。

例えば、料理をする際、冷蔵庫から「ニンジンとって」などと頼めばいい。庭の水撒きでも、「水道のコック開けてきて」と頼めばいい。スーパーでは、「カートを押して」と頼めばいい。やってくれたら「ありがとう」と言っておく。これだけでも、親子の交流は成立する。

子どもは、親の手伝いをすることを誇りに思う。《必要とされた》《かまってもらった》感じが出てくるのだろう。8歳を過ぎれば有償となるかもしれない（多少のお小遣いを要求するかもしれない）が、お小遣いも満足度を上げる。報酬系の神経回路は、いつまでも《ほめられる》だけでは満足せず、加齢とともに実報酬を欲しがるものである。

⑤子どもと共感体験をしない

親子で同じものを見たり聞いたりすれば、『共感体験』になりやすい。お互いに喜んだり、楽しんだり、涙を流したり、怒ったりしたい。水族館、映画館、動物園、テーマパークもいい。でも、家庭の中にも、喜怒哀楽を共有する場面はたくさんあるし意図的につくり出すこともできる。

猫や犬などのペットを飼えば、「おなかすいているのかな」「今日は元気がないね」「よその猫と遊びたがっているのかな」など、ペットの気持ちを推測しながら共感体験ができる。食事でも、「おいしいね」「からいね」「まずいね」など、同じように共感体験ができる。種をまき花が咲けば、「成長したね」「お花きれいだね」「もう散っちゃうの」などと言葉を共有できる。記念樹を庭に植えるのもいい。こうした共感体験が『共存脳』『心の理論』『言葉にならない波動』のもとになる。ペットが死んだら、何も言わず一緒に涙を流したらいい。言葉にできない（あるいはしないほうがいい）共感体験もある。

発達障害は
ワーキングメモリ低下
×
対人的不適応

増える発達障害

DSM《ディエスエム》-Ⅳ《フォー》（精神疾患の分類と診断の手引第4版　アメリカ合衆国精神医学会）やICD《アイシーディ》-10《テン》（国際疾病分類第10版　世界保健機関）などで診断基準が明確になったため、発達障害の診断が増え増加しているように見えているだけとする意見がある一方、ほとんどの臨床家や教師は、発達障害もしくは発達障害傾向の子どもが増えたと実感しているのは間違いない。

発達障害は脳の機能障害である。簡単に言えば、何かの原因で、脳の神経ネットワークがうまく情報伝達をしていないということである。既述のように、神経ネットワークは膨大な数の神経細胞同士が『シナプス前ニューロン』から『シナプス後ニューロン』へ情報を伝達する機構である。もう少し細かく言えば、前ニューロン軸索末端から後ニューロンの樹状突起（『スパイン』という棘）へ情報が送られる。その接点を『シナプス』という。シナプスでは、セロトニン、ドーパミン、ノルアドレナリン、アセチルコリンなどの神経伝達物質が情報の受け渡しをする。シナプス数は人の脳で100兆にものぼる。

神経細胞（ニューロン）には、『細胞膜』という油（リン脂質や脂質）の膜が覆っていて、情報の漏電を防ぐ役割をしている。ちなみにシナプスは《記憶と学習》を担当しているともいえる。こうしたシステムには、もちろん遺伝的な因子が背景としてかかわるが、生後の子育て環境や社会の影響も大きい。発達障害が増えたとする推定原因を2つ紹介しておきたい。

①前頭葉の抑制機能の退化

寺沢宏次氏らのGO／NOGO電位課題を用いた調査をもう少し詳しく紹介したい。この調査によれば、日本の子どもの『抑制』機能は、1969（昭和44）年と1979（昭和54）年の10年間で急激に低下したことがわかった。1969年度では《加齢とともに抑制機能は上昇していた》が、1979年では《小学校4年生ごろから急激に低下し続けた》。

抑制とは、《待つこと》《我慢すること》であるが、言い換えれば、感情や行動のコントロールができるということである。そう考えれば、抑制機能低下は、ADHDやPDDなど、発達障害の多くの症状を説明できる。抑制には、多動・衝動のような《身体の抑制》、集中力のような《注意の抑制》、支配欲のような《言葉の抑制》がある。

例えば、注意の抑制とはこういうことだ。教師の話を聞くためには他の雑音を抑制しなければならないし、黒板の必要な文字や数字を見つけるためには黒板やその周辺の他の刺激を見ることを抑制しなければならない。抑制をかけることができなければ、注意散漫になってしまう。

②子どもの虐待による発達障害

杉山登志郎氏は、『子ども虐待という第四の発達障害』（学研）という衝撃的な本を上梓し、反応性愛着障の『抑制型』がPDD症状に、『脱抑制型』がADHD症状によく似ていると指摘した。

子どもは、特定の人間（多くは母親）との間に愛着関係（アタッチメント）を築き発達するが、この愛着関係を築けないことで起きるさまざまの障害を『（反応性）愛着障害』と呼んでいる。例えば、生後5〜10か月で起きる人見知り現象（8ヵ月不安）は、特定の人への愛着行動を示している。特定の人とはほとんど母親であり、またそのほうがいい（林道義氏）

愛着障害は、ほとんど児童虐待と同義である。児童虐待は、児童相談所対応件数（政府の「統計・社会福祉行政業務報告」）を見れば、急増していることがわかる。

DSM-Ⅳによれば、『抑制型』とは、《対人的相互作用のほとんどで、発達的に適切な形で開始したり反応したりできないことが持続しており、それは過度に抑制された、非常に警戒した、または非常に両価的で矛盾した反応という形で明らかになる（例えば、子どもは世話人に対して接近、回避および気楽にさせることへの抵抗の混合で反応する、または固く緊張した警戒を示すかもしれない）》としている。一方、『脱抑制型』とは、《拡散した愛着で、それは適切に選択的な愛着を示す能力の著しい欠如（例えば、あまりよく知らない人に対しての過度のなれなれしさ、または愛着の対象人物選びにおける選択力の欠如）を伴う無分別な社交性という形で明らかになる》としている。

発達障害の原因

発達障害の臨床の場にいると、親と子ども、親と祖父母、兄弟姉妹に似かよった発達障害の症状を認めることができる場合は多い。ただ、それが科学的に遺伝なのか環境なのかという厳密な原因追及が難しいのは、発達障害の責任遺伝子などが不明だからである。現段階では、遺伝子が100％一致する一卵性双生児と50％しか一致しない二卵性双生児の比較研究が多い。

ＡＤＨＤについては、Ｒ・Ａ・バークレー（マサチューセッツ大学医療センター）

の報告が参考になる。それによれば、ＡＤＨＤを発症した一卵性双生児が二人とも発症するリスクは、ＡＤＨＤを発症した一卵性ではない兄弟姉妹の場合の11〜18倍になるという（ジリスらの研究）。また、526組の一卵性双生児と389組の二卵性双生児を調べた結果として、最大で80％までＡＤＨＤの遺伝的要因で説明できるという（グヨーネとサンデット、スティーブンソンらの研究）。このように、ＡＤＨＤの遺伝確率は高いと考えられている。

自閉性障害については、石崎朝世（社団法人発達協会王子クリニック）は、一卵性双生児の自閉症の一致率が80〜96％、二卵性双生児は2〜10％、一般の発生率は0.2％程度であるという。また、佐々木司（東京大学保健管理センター）は、自閉症の一卵性双生児の発病率は6〜9割、二卵性の発病率は0〜2割と報告している。このように自閉性障害は、遺伝的な要因によって脳の構造や機能に異常が生じると考えられている（いずれもネット検索より）。

ただし、ＡＳ（アスペルガー症候群）とＬＤ（学習障害）については、原因が遺伝かどうかは不明である。

教師は、一般に《遺伝か環境か》ではなく《遺伝も環境も》という図式で子どもの状態像を見ることを学んでいる。環境には出産周辺期の脳のトラブルも含むが、大切なことは、『教育』という生後以降の環境を最大限整えて《脳を育てる》《育て直す》仕事に従事しているということである。発達障害を対象とした特別支援教育とは、まさにその象徴ともいえよう。

不満足脳の症状

『満足度の低い』脳の状態が続けば、脳は自ら自分の脳を守るため（防衛するため）さまざまな症状を現してくる。こうした症状を見抜く力を養っておけば、子どもの心（脳）の状態を推測することができる。こうした症状が見えない教師は、注意する対象と見てしまう可能性がある。これは子どもの脳にとって極めて危険なことである。

以下に、授業中見られる症状を紹介しておきたい。

①チック・指吸い・爪かみ・髪触り

チックは3種類ある。授業中、口をゆがめる、口を閉じてもぐもぐさせる、まばたきを繰り返す、手や肩が思わず動くなどは身体性チックという。子どもに発言させようとすると、「えっとね。えっとね…」「あの、あの…」とある言葉や音を繰り返すのは音声チックである。オチンチン、ウンチ、おしっこなど、何かにつけ汚い言葉を使いたがるのは混合性チックという。

口を尖らす、上唇を引っ張る、唇を指で触っている行為が、心の状態としてはチックに似ている場合もある。いずれも頻繁に繰り返されることが特徴であるし、ほとんどは無意識に起こる行為である。

指吸いは、親指を口の中に深く入れている、薬指と中指の2本を深く入れている場合、症状は重い。右手の指を口に入れ、左手で自分の耳たぶやタオル（ハンカチ）や服など柔らかい部分を触っている場合も、症状は重い。右手の指を吸いながら、左手で指を隠している場合もあるし、名札を口の中に入れたり、服の袖を舐めたりかんだりしている場合も類似行為である。

爪かみも指吸いとよく似た症状である。爪を歯でかみ切っているなら（俗に爪切りがいらないといわれる現象）、重い症状である。

髪触りは、女児に多いが、しつこく触る場合は、やはり不安の防衛と考えられる。

②ファンタジー・フラッピング・独り言・奇声

授業中、ボーッと物思いにふけっている症状をファンタジーという。ニヤニヤ笑いや独り言と同時に出ることもある。また、アニメのヒーローや芸能人などになりきる（熱演する）場合もファンタジーという。フラッピングとは、手をひらひらさせたり、手を組んだりする行為である。フラッピングは、ファンタジーと同時に出ることも多い。独り言（独語）は不安の類似行為であるが、幻覚や幻聴が起きやすい統合失調症の独語とは異なる。よく、統合失調症に適用するリスパダールという薬を処方されているが、医師の見立て違いである。奇声も類似行為である場合が多い。上記の症状は、特にPDD傾向の子どもに見られる。

③ロッキング・姿勢の崩れ

椅子ごと体を横に揺らすのは、多くはADHD症状に見られる多動行為であるが、体を縦に揺らす場合はロッキングという。特に、椅子の上などに両膝を立て座り、膝を両手で抱え込むようにして揺れる姿勢を、アルファベットの「G」に似ているので、Gパターンと称することもある。

前のめりでテーブルや机に伏しているなど、体が垂直にまっすぐにならず、ゆがんでいる場合を姿勢の崩れという。壁にもたれかかる、床や廊下にしゃがみこむ、すぐ体が横になるなども類似行為である。姿勢の保持は脳幹でセロトニンを使って行っているため、不安の防衛反応と考えられる。

④ちょっかい

ちょっかいは、満足度が低下した（寂しくなったり不安になった）際に、かまってほしくて、人の髪を引っ張ったり、鉛筆でつついたり、消しゴムを盗ったり、物を投げて当てたりする行為である。かまってくれないので、相手にかまってほしいとアピールする行為と考えられる。クラスメイトだけが対象とは限らない。先生にちょっかいを出すこともある。

⑤強い反抗（反抗挑戦性障害：ＯＤＤ）

強い反抗の中でも、特に、かんしゃくを起こす、先生と口論する、大人の要求や規則に従うことに反抗する、わざと人をいらだたせる、自分の失敗を人のせいにする、他人からイライラさせられやすい、腹を立てる、意地悪で執念深いなどの行動がいくつか半年程度続いている場合、反抗挑戦性障害と診断名がつくこともある。ＡＤＨＤ児に現れやすい二次的問題として有名だ。暴力はないが大人に対する拒絶、反抗、挑戦が特徴である。
思春期に始まる第2反抗期のような軽いものではない。その程度は強く、起こる回数も多い。

⑥キレ・荒れ

キレは抑制がきかない衝動的な行為であるが、意識する前に体が動いてしまっていることも多い。支配欲（勝ちたい傾向）の強いアスペルガー症候群の子どもに多く見られる。不安や不満が起きた際、それを解決する言葉が思い浮かべば（ワーキングメモリが働けば）、こうした症状は起きにくくなると考えられている。言葉が思い浮かばなければ、視覚的に反応して前にいる人や物を攻撃する。行為の後で「しまった」と思うことが多いのも特徴である。荒れも類似行為であるが、意識的に荒れて、収拾がつかないこともある。クラスを暴力で支配したい傾向である。

今まで紹介した不満足脳の症状を含め、一般的に見られる症状をまとめておきたい。不登校（園）、緘黙、独語、吃音、チック、夜尿、夜驚、爪かみ、指しゃぶり、性器いじり、拒食、偏食、ファンタジー、ロッキング、フラッピング、嘔吐、下痢、頭痛、腹痛、嘘、非行、孤立、こだわり、多動、不眠、反抗、攻撃（乱暴）、うつ、ひきこもり、統合失調症、解離、自殺、などである。

なお、こうした症状が10歳ごろより顕著に現れる場合、手遅れになることもある。それでも、時間はかかるかもしれないが、私が基本スキルと称している『セロトニン5』を使いがんばってほしい。《自殺》とそれ以外の精神症状には大きな隔たりがある。死んでしまっては、どのようにもケアーできない。

子どもが死ぬほど、親にとってつらいものはない。早めに『満足度』を上げておこう。

おわりに——だれもが『満足脳』になってほしい

脳の解明は、脳機能イメージング研究（光トポグラフィやｆＭＲＩ〈ファンクションエムアールアイ〉）、また分子レベルでの研究などにより、日進月歩で進んでいる。とは言え、『脳科学と教育臨床』の領域では、まだまだわかっていないことが多い。特に、ＡＤＨＤやＰＤＤと言った発達障害領域では、原因はある程度説明できるようになってきたが、いろいろな因子が複数で働いているようで、一つに確定することはもちろん困難である。もっとも、一つに確定しようと思わないほうがいいのかもしれない。

私は、『言葉』と『表情』と『栄養』の統合で発達障害症状を改善する試みをしてきた。その中でも、ＤＨＡ（ドコサヘキサエン酸）やＰＳ（ホスファチジルセリン）

といった油系の栄養補助食品の効果に興味を持ち、介入試験を行ってきた。効果はあったが、その背景にはニューロンとその接点で、神経伝達物質（ドーパミン、セロトニン、ノルアドレナリン）がある特定の作用をしているのではないかと推測された。

さまざまな文献を読むにつれ、人的環境で心や行動が改善することにも確信を深めた。例えば、うつ傾向は、癒し系の人や、状況説明をしてくれる人や、見通しを示してくれる人が周りにいると回復しやすいこともわかった。こうしたことは、私のこれまでの臨床体験の中でも確信を抱いていた。

30年余りの体験の中で、多くの人が立ち直っていった。うれしかった。また、TOSS（Teacher's Organization of Skill Sharing の略）の中で評価され多くの授業にも活かされるようになった。授業効果も聞くようになった。特に、私が『セロトニン5《ファイブ》』と名付けた5つの癒し系スキルは多くの教師や親の基本スキルになっていると聞く。

キーワードは『満足度』だった。ドーパミンは《楽しい満足度》、セロトニンは《やさしい満足度》、ノルアドレナリンは《緊張の満足度》と置き換えたが、これら3つの満足度を上げるスキルを使う教師が発達障害症状を改善することを何度も見てきた。満足度を上げるとは《甘やかすこと》ではない。すでに述べたが《甘え》は親―子、教師―子どもの対人関係（絆・愛着行動）に不可欠なエネルギーである。しかし、もし、ある子どもが「甘え過ぎている」と判断されたなら、それは、その子どもの脳に『満足度』が不足していることをアピールしている心（脳）の防衛反応と解釈してほしい。

子どもも大人も、満足度が高ければ心に余裕ができ人と一緒にいることができる。しかも適応的な行動となる。ちなみに、『適応』とは自分を主張しながら集団にいる積極的な力であり、逆に『順応』とは人に従いながら集団にいる消極的な力と言える。当然、適応のほうがストレスは少ない。

本書では、判断と行動の本体である『ワーキングメモリ』にも力を入れた。発達障害に限らず、すべての人はワーキングメモリに余裕があれば、意味ある刺激（情報）を選択し（これを『選択的注意』と呼ぶ）、記憶させ、記憶情報を組み合わせ的確な行動を取ることができる。相手の気持ちにも共感できるようになり対人関係も上手になる。このワーキングメモリをトレーニングするスキルは、便利なものがあふれ脳をあまり使わない時代においては最高の脳改善薬である。

『満足脳』で人は変わる。必ず変わる。まずは、2週間試してほしい。だれもが生まれ変わったかのように、輝き始めるであろう。これまで、当たり前のように受け継がれてきた「厳しくすれば人は育つ」「びしっとやらなきゃ、びしっと」という考え方を再考していただければ幸いである。

本書は、私のこれまでの臨床・研究の到達点である。だれもが『満足脳』になってほしい、との願いから全力で書きあげた。

APPENDIX

《満足脳を育てる39のスキル》

脳の満足度を上げるスキルをリストにしておく。このうちの多くは本文中に詳しく述べている。便宜上、セロトニン系、ドーパミン系、ノルアドレナリン系に区分したが、言葉と表情の使い方によっては別の区分に入るものもある。あるいは、子どもの心理状態（気持ちの状態）で受け止め方が違ってくる場合もある。例えば、ゆっくり瞬けば「見つめる」は癒しになるが、瞬かず見つめれば緊張感を与えるだろう。「ほめる」は癒される場合もあるが、楽しく（うれしく）なる場合もある。「そばへ行く」もしかりである。子どもが来てほしいと思っていたら癒しになるし、来てほしくないと思っていたら緊張になる。

教師にお願いしたいのは、こうしたスキルを形式的に使うのではなく、子どもの心理的状態に合わせて使ってほしいということである。例えば、「一人の意見でもかっこいい」といった場合、クラスで孤立している子どもは、周囲に笑われ、さらに孤立していかざるを得ない場合もある。「高く評価する」は満足度を高めるが、いつも99点では子どもの失笑を買うだろう。そこは応用のしどころであり変化をつけなければならないところである。10点満点で8点にしてもいいし、銀メダルにしてもいい。大事なのは、書き直してもらい（言い直してもらい）最後は100点、10点、金メダルにしてあげることだ。これが『成功体験』であり、成功した体験は繰り返そうとする。だから高得点をつけほめるのである。

なお、こうした授業中の高得点主義は、厳密な相対評価に従って行うのではない。子どもの満足度に合わせて付けていくことが大切である。満足度の低い子どもには、とびっきり高得点を付けてあげたい。満足度が上がってきたら、多少低めにつけ、やる気を引き起こすスキルもある。そうした際は、「さらにチャレンジ！」などと励ましてほしい。

ノルアドレナリン系の対応スキルは、いつも使うと、緊張状態が続き、不安・不快神経回路を増強させていく危険もある。時々の使用にしたい。使った後は、にっこりほほ笑んでおくとよい。

セロトニン系スキル

教師を好きになり、癒し・安心感が上がる対応

①見つめる（見つめながらもゆっくり瞬く）
②ほほ笑む（笑うとは違う）
③話しかける（対話をする）
④ほめる（大げさにほめる）
⑤触れる（握手をしたり肩に手を置いたりする）
⑥名前を呼ぶ（特定してもらえるのでうれしい）
⑦そばへ行く（対話になる）
⑧素直に謝る（かっこいい）
⑨事実を認める（事実から始めるしかない）
⑩特性を認める（特性を伸ばすことを考える）
⑪役割を与える（お手伝いさせる）
⑫席の位置を指定する（心が楽になる席を準備する）
⑬自己主張させる（プレゼンテーションさせる）
⑭リーダーにする（役割を与える）
⑮クラスを小グループ化する（規模が小さいと心が楽になる）
⑯集団に入らない快感を尊重する（一人でいる心が楽になるタイプもいる）
⑰一人の意見でもでもかっこいいと言う（面白いアイデアの可能性がある）
⑱いろいろな意見を聞くと賢くなると言う（クラスで浮かなくて済む）
⑲給食は子どもの精神状態に合わせる（気分が沈むと少食か過食になる）

ドーパミン系スキル

楽しくなり、集中力・ワーキングメモリが高くなる対応

①教師が動く（歩行と身振り手振りを使う）
②子どもに作業・運動させる（立たせる・書かせる・作らせる）
③変化をつける（リズム《メリハリ》とテンポ《速さ》を変える）
④言葉は短くする（聞く気になる）
⑤高く評価する（ミスがあっても 99 点）
⑥見通しを示す（ゴールを示す）
⑦イメージさせる（視覚情報で理解させる）
⑧希望を持たせる（またお話ししようね）
⑨励ます（大丈夫だよ）
⑩期待されていると思わせる（君ならできるよ）
⑪自発性をほめる（自ら意見を言ったらほめておく）
⑫工夫をさせる（新しい情報を作らせる）
⑬刺激を減らす（不要な刺激は隠す）
⑭モノを与える（シールなどを与える）

ノルアドレナリン系スキル

緊張し、注意力や意欲が高まる対応

①時間を制限する（3分以内で2つ書きなさい）
②説明個数を明確にする（2つ言います）
③机の端に親指と人差し指を置く（2～3回トントンとたたいてもいい）
④のぞき込む（インパクトが強い）
⑤待たせる（待てたらほめておく）
⑥威厳を示す（質問は後で受け付けます）

平山　諭　８歳で脳は決まる！　河出書房新社　2005
平山諭他　ADHD 症状を抑える授業力―特別支援教育の基本スキル―　明治図書　2006
平山　諭　愛されママの子育てスキル 21　河出書房新社　2007
平山　諭　発達障害児の授業スキル　麗澤大学出版会　2008
平山　諭　発達障がい児　本人の訴え　―龍馬君の６年間―　東京教育技術研究所　2011
伊藤正雄他協力　脳科学最新レポート　ニュートン　ニュートンプレス　2004 年 12 月号
R.A. バークレー（石浦章一訳）　集中できない子供たち―注意欠陥多動性障害　日経サイエンス　2007 年 12 月
寺沢宏次　子どもの脳は蝕まれている　ほおずき書籍　2006
岡田尊司　アスペルガー症候群　GS 幻冬舎新書 141　2009
川島隆太　さらば脳ブーム　新潮社　2010
澤口俊之　わがままな脳　筑摩書房　2000
澤口俊之　痛快！頭を良くする脳科学　集英社　2002
澤口俊之　あぶない脳　ちくま新書　2004
澤口俊之　脳教育 2.0　講談社　2008
坂井克之　心の脳科学　中公新書　2008
杉山登志郎　子ども虐待という第四の発達障害　学研ヒューマンケアブックス　2007
杉山登志郎　発達障害の子どもたち　講談社現代新書　2007
高田明和　「うつ」依存を明るい思考で治す本　講談社＋α新書　2002
生田　哲　脳がめざめる食事　文藝春秋　2004
生田　哲　心の病は食事で治す　ＰＨＰ新書　2005
林　道義　母性の復権　中公新書　1999
草薙　厚　僕はパパを殺すことに決めた　講談社　2007
正高信男　考えないヒト　中公新書　2005

文　献

本書を執筆するに際し、参考あるいは一部引用した文献は下記のとおりです。著者・出版社に感謝申し上げます。なお、私のこれまでの雑誌原稿はすべてに大幅な加筆修正をしています。

平山　諭　LD/ADHD・ASの子を伸ばす指導のポイント⑤　特別支援教育教え方教室12号　明治図書　2006年3月

平山　諭　LD/ADHD・ASの子を伸ばす指導のポイント⑦　特別支援教育教え方教室14号　明治図書　2007年2月

平山　諭　LD/ADHD・ASの子を伸ばす指導のポイント⑬　特別支援教育教え方教室20号　明治図書2008年12月

平山　諭　LD/ADHD・ASの子を伸ばす指導のポイント⑭　特別支援教育教え方教室21号　明治図書　2009年4月

平山　諭　脳の報酬系を育てよう！　特別支援教育教え方教室28号　明治図書　2011年2月

平山　諭　『メタ認知』という名の“内なる教師”を育てよう！　特別支援教育教え方教室　明治図書29号　2011年4月

平山　諭　発達障害の子どもたち　教室ツーウエイ№376　明治図書　2009年3月

平山　諭　保護者と子どもの意識と行動・どこがどう変ったか―私の周りの「この10年」を振り返る　学校マネジメント　№593　明治図書　2006年10月

平山　諭　特別支援教育の視点からの教員評価　学校マネジメント　明治図書　2008年12月

平山　諭　発達障害児への対応ヒント　学校マネジメント　明治図書　2009年3月

平山　諭　ビギナーズ教師を指導するために　学校マネジメント　明治図書　2009年5月

平山　諭　ADHD症状を抑える授業力　CS研レポートVol.57　啓林館　2006

平山　諭　特別支援教育（1）（2）　CS研レポートVol.61, 62　啓林館　2008

平山　諭　親と教師のためのADHD・ASを変える環境対話法　麗澤大学出版会　2004

著者プロフィール

平山　諭（ひらやま・さとし）

筑波大学大学院博士課程で心身障害学を学ぶ。

「言葉」と「表情」と「栄養」の統合に着目した臨床活動を展開。

代表作に、『8歳で脳は決まる！ 子どもを救う父親の力』『愛されママの子育てスキル21』（河出書房新社）、絵本『たたかえ！ ドーパン』（文研出版）。

専門は、脳科学教育臨床、臨床発達心理学、カウンセリング。


満足脳《まんぞくのう》にしてあげればだれもが育《そだ》つ！

2011年6月26日　第1刷発行

著　者　平山《ひらやま》　諭《さとし》
発行者　木戸　一雄
発行所　ほおずき書籍株式会社
〒381-0012　長野県長野市柳原2133-5
☎026-244-0235
www.hoozuki.co.jp
発売所　株式会社星雲社
〒112-0012　東京都文京区大塚3-21-10
☎03-3947-1021

ISBN978-4-434-15734-9　NDC378